W0182924

ENTREZ DANS...

L'EXTRAORDINAIRE LANGAGE DE LA CHIROMANCIE

Ce que révèlent nos mains :
interprétations divinatoires et études du caractère

Charles Mistri

ENTREZ DANS...

L'EXTRAORDINAIRE LANGAGE DE LA CHIROMANCIE

Ce que révèlent nos mains :
interprétations divinatoires et études du caractère

Édition condensée et corrigée par Béatrice et Michel Noure

Photo de couverture : Monika Wisniewska/Shutterstock.com

© 2017 Éditions De Vecchi S.A. – Nîmes
© 2022 Nouvelle édition – Éditions De Vecchi S.A.S. – Nîmes
Imprimé en U.E.
ISBN : 978-2-7328-9875-9

La loi du 11 mars 1957 n'autorisant, aux termes des alinéas 2 et 3 de l'article 41, d'une part, que les « copies ou reproductions strictement réservées à l'usage privé du copiste et non destinées à une utilisation collective » et, d'autre part, que les analyses et les courtes citations dans un but d'exemple et d'illustration, « toute représentation ou reproduction intégrale, ou partielle, faite sans le consentement de l'auteur ou de ses ayants-droit ou ayants cause est illicite » (alinéa 1er de l'article 40).
Cette représentation ou reproduction, par quelque procédé que ce soit, constituerait donc une contrefaçon sanctionnée par les articles 425 et suivants du code pénal.

Introduction

La chiromancie, qui étudie la main, complète l'analyse d'un individu. Depuis la nuit des temps, la main a toujours été considérée comme un symbole de force et de pouvoir. La main représente l'homme en miniature ; de par son harmonie et la volonté qu'elle transmet à l'extérieur, elle fait partie du monde. Lorsque l'on étudie la main, l'on apprend que le corps n'est pas uniquement source d'instincts égoïstes et que l'esprit n'est pas seulement capable de nobles sentiments. En observant le comportement et les attitudes d'un sujet, il est peut-être possible de comprendre s'il est matérialiste ou spiritualiste. Pourtant, des attitudes peuvent être étudiées et le comportement peut ne pas être sincère ; mais ce que révèle la lecture de la main ne peut en aucun cas être camouflé ou dissimulé !
La chiromancie ne prétend donc pas dévoiler le présent ou le passé, ni prédire dans ses moindres détails l'avenir d'une personne ; elle se contente d'examiner les caractéristiques de la main et des lignes inscrites dans la paume afin de donner des indications valables à l'individu qui sera libre de les suivre ou non. Nous ne traiterons pas exclusivement dans cet ouvrage des « lignes » apparaissant dans la paume, mais de la main dans son ensemble : doigts, phalanges et détails caractéristiques. La main ne dévoilera pas uniquement le futur, elle mettra également en lumière le caractère et les tendances plus ou moins cachées.
Les signes et les lignes inscrits dans la main sont uniques et l'on ne trouvera jamais une « ligne de vie » ou un « mont de Mercure » identique chez deux personnes. Ainsi, les lignes imprimées sur le pouce, les fameuses empreintes digitales, forment un dessin caractéristique et constituent une méthode d'identification personnelle. Nous pouvons donc avoir la certitude que nos mains sont différentes de celles de nos semblables ; tout comme notre destin,

gravé dans la paume de la main, sera toujours différent de celui d'un autre individu.

En ce qui concerne les rapports avec les autres, une main peut être accueillante, dominatrice, implorante, généreuse, mais de toute manière, elle dévoilera toujours ce que notre personnalité recèle de plus caché.

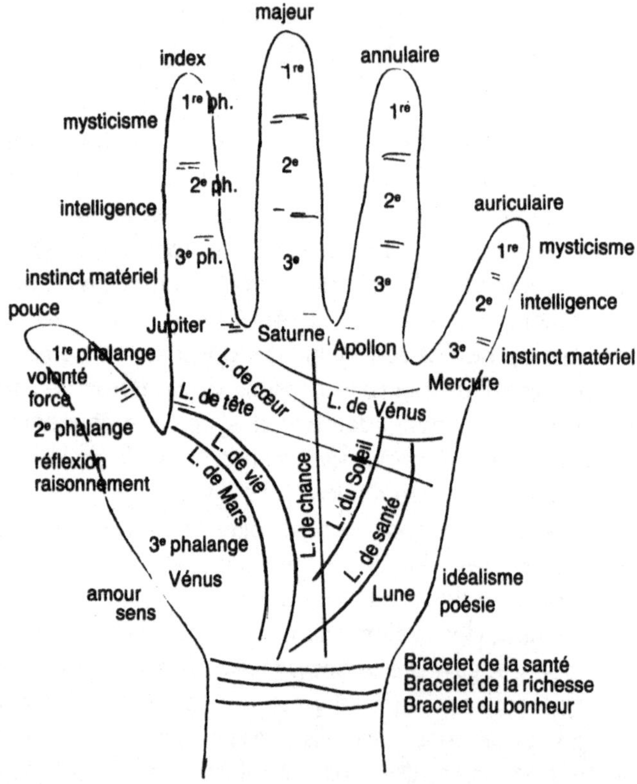

Topographie de la main

La poignée de main

Elle transmet les premiers messages positifs ou négatifs de la personne que nous venons de rencontrer. Il est bien connu que personne n'a la même main. Le caractère, les tendances, les goûts, les maladies, tout ce qui concerne la vie physiologique et psychique de l'homme est déterminé par des caractéristiques diverses plus ou moins évidentes.

Mains grasses, maigres, potelées, courtes, longues. Peau rêche, peau douce, doigts courts et trapus ou bien allongés et minces. Ongles larges ou bien ovales, pâles ou roses. Tous ces détails peuvent indiquer clairement le type auquel appartient la personne qui est en face de nous.

Il existe un moyen rapide de connaître les principales caractéristiques de la personne qui nous est présentée : la poignée de main. Voici une personne qui tend une main dure, résistante, peut-être trop énergique : nous avons affaire à un individu décidé, pratique, de tempérament actif.

En voilà un autre qui serre la main mollement, sans énergie ; son salut est superficiel et il lâche aussitôt la main de son interlocuteur. Il s'agit sans aucun doute d'un sujet paresseux, de faible personnalité et bien peu sincère. Il faut toutefois souligner que certaines personnes qui ont cette façon de serrer la main n'ont aucun des défauts cités ci-dessus ; au contraire, ce sont des personnes sensibles, timides, idéalistes et honnêtes. Néanmoins, ils manquent de volonté. Le méfiant, l'envieux et le vindicatif tendent la main presque à contrecœur et la retirent aussitôt, comme s'ils craignaient qu'on ne la leur vole.

Le sensuel serre la main avec douceur, mollement mais sans excès, et la retient un instant en plongeant son regard dans celui de l'autre personne.

Le craintif, qui est en même temps timide et irrésolu, tend seulement les doigts et soulève la main de l'autre en la lâchant aussitôt, comme s'il regrettait de l'avoir prise.

Le généreux, l'enthousiaste et cordial, celui qui inspire sympathie tend la paume de la main bien ouverte, saisit celle de son interlocuteur et secoue vigoureusement le bras de celui-ci ; un tel comportement montre un désir évident d'établir un contact rapide, amical, de sympathie réciproque, presque affectueux.

L'avare tend la main avec méfiance et la retire aussitôt. Le contact est fugace.

Le sujet jaloux a une certaine réticence à tendre la main.

L'individu peureux salue sans tendre la main ; la personne qui n'est pas sûre d'elle salue du bout des doigts et retire aussitôt la main ; le superficiel serre la main très rapidement, sans trop s'attarder, sans établir de contact.

La personne sûre d'elle-même n'éprouve généralement pas le besoin de serrer la main de ses interlocuteurs.

Nous pourrions continuer de cette façon à l'infini en évoquant toutes les nuances possibles.

Tout être humain a sa propre personnalité définie par les qualités ou les défauts qui déterminent son caractère. Une telle personnalité se révèle surtout dans l'accomplissement quotidien des rites imposés par la tradition, et parmi eux, le fait de serrer la main. Un observateur attentif peut saisir un signe imperceptible qui pourrait l'aider à mieux comprendre le caractère d'une personne qu'il rencontre tous les jours ou qui lui est présentée par hasard.

La forme de la main

Une main est aussi représentative d'une personne que peut l'être un visage. Les fines lignes qui la sillonnent sont comparables aux rides « d'expression » ; et tout le monde sait que la manière dont la main se déplace pour inscrire des lettres sur un papier révèle des choses surprenantes. La main peut exprimer tous les sentiments : l'humanité, l'intelligence, la cruauté. La forme, la consistance, le mouvement de la main suffisent à mettre en lumière les caractéristiques de base d'une personne.

Formes les plus significatives

Main large et ferme

Elle a des doigts solides et carrés, la paume large et le poignet pas très fin. Nous nous trouvons devant une personne dotée d'une énergie extraordinaire et d'une grande volonté. Elle affronte les difficultés avec courage et combativité, et ceci lui permet d'obtenir presque toujours un grand succès dans la vie, même au prix de durs sacrifices.

La loyauté, la sincérité et l'honnêteté sont les qualités dominantes des personnes à la main large et ferme.

Si les doigts sont courts et carrés, c'est le calcul et le scepticisme qui prévalent. En revanche, s'ils sont longs, mais toujours carrés, les capacités de déduction et de raisonnement seront très développées.

Main ouverte

Dans ce genre de main, la longueur des doigts ne dépasse jamais celle de la paume de la main. Le sujet est loyal, franc et sincère. Il fait preuve de sentiments élevés et d'une grande largeur de vues. Il est toujours prêt à dialoguer, à comprendre et à pardonner.

Main étroite

Si la chair est molle et les doigts longs et effilés, elle appartient à une personne au caractère faible, qui ne s'oppose en aucune façon aux événements. C'est en général un égoïste au cœur sec.
Les qualités et les défauts sont atténués par la longueur des phalanges, la nodosité des jointures, par les lignes de la paume.

Main commune

C'est l'une de celles que l'on trouve le plus facilement. Sa paume est plutôt charnue et développée en largeur. Les doigts sont courts (le pouce l'est particulièrement), les ongles carrés. Le poignet est court et large ; les monts presque invisibles ou inexistants à l'exception de ceux de Vénus, de Saturne et de Mercure sont très prononcés. Cette information des monts – comme nous le verrons par la suite – indique ruse, débauche et malhonnêteté.
L'individu qui possède ce type de main est une personne plutôt vulgaire, querelleuse, désordonnée et paresseuse.

Main disgracieuse

Une telle main n'appartient pas toujours à des personnes qui ont un métier salissant ; les intellectuels peuvent avoir également ce type de main.
La main disgracieuse a la paume large, mais les doigts sont en spatule et les ongles très courts et plats. Le pouce est long, mais la base étant arquée, le pouce est dirigé vers l'extérieur.
Toutefois, si la main n'est pas agréable à regarder, ceci ne veut pas dire que la personne manque de qualités. Au contraire, l'individu qui possède une telle main est intelligent, cordial, bon et généreux, doué d'un extraordinaire sens pratique et d'esprit d'initiative.
Si la paume est molle, le sujet est particulièrement attiré par le commerce et l'industrie.
Si la paume est sèche et résistante, le sujet peut se consacrer aussi avec succès aux exercices physiques et sportifs.
Si les doigts sont particulièrement larges (spatulés), nous nous trouvons

devant une personne douée d'une intelligence très vive, mais qui a aussi de l'ambition.

Main trapue

Sa forme est plutôt carrée. La paume est large, les doigts courts et aplatis à leur extrémité supérieure ; les ongles sont carrés et aplatis ; le pouce est gros, laid, légèrement tourné vers l'extérieur ; l'auriculaire très court est presque aussi large que les autres doigts ; le majeur a presque la même longueur que l'index et l'annulaire.
La personne aux mains grossières manque toutefois d'imagination. Le trait de caractère plus évident est l'extrême précision, la persévérance, l'obstination excessive qui en font même des personnes têtues.
Ces personnes manquant d'imagination sont, par conséquent, peu communicatives et ne font absolument rien pour s'entourer d'amis.
Les qualités et les défauts sont atténués par la longueur des phalanges, la nodosité des jointures, par les lignes de la paume.

Main harmonieuse

C'est une main que l'on rencontre tant chez les femmes que chez les hommes. Elle dénote un tempérament artistique, des sentiments raffinés, de l'imagination, de la douceur, de la bonté et une âme de poète.
Elle n'est ni grande ni petite ; la paume, d'une taille moyenne, se rétrécit au poignet ; les doigts sont longs, fins, et leur extrémité pointue ou ovale. La peau est rosée, jamais pâle ni rouge ; la chair est ferme, ni dure, ni molle.
La personne qui la possède montre un remarquable tempérament artistique. C'est également une personne sensuelle.
Un seul nuage trouble cette harmonie : elle est un peu paresseuse et superficielle malgré son talent, souvent inconstante et peu adaptée à la vie de famille.

Main anguleuse

Elle est généralement longue et se caractérise par des jointures qui mettent bien les phalanges en relief, surtout en ce qui concerne les deuxième et troisième phalanges. Le bout des doigts est rond.

Ce type de main dénote sens de la mesure, équilibre moral, ordre et honnêteté. La personne qui possède cette main peut réussir dans les études philosophiques et psychologiques.
Ces personnes n'ont, donc, d'anguleux que la main. Pour le reste, ce sont de précieux collaborateurs.

Main belle

Elle est longue et ovale, avec les doigts fins, la paume étroite, le poignet délicat, la peau douce et blanche, une main pratiquement diaphane. Les doigts sont lisses, sans nœuds, les ongles sont ovales et la peau ne présente pas d'imperfections. C'est la main de ceux qui possèdent une vie intérieure et spirituelle très riche, qui développent intensément le culte de la beauté (c'est la main de nombreux artistes).
Si la personne n'est pas un artiste à proprement parler, elle présente néanmoins une extraordinaire sensibilité. Ce sont également des sujets impressionnables, des rêveurs ou des optimistes car, refusant la triste réalité des choses, et ne faisant aucun effort pour se sortir de l'embarras, ils sont toujours prêts à tenter l'aventure qui pourrait les remettre sur pied et changer – selon eux – le cours de leur destin.

Main mixte

Elle présente certaines des caractéristiques déjà décrites (par exemple, une paume étroite mais de gros doigts, ou bien la paume large et les doigts fuselés ; ou bien encore des doigts de diverses épaisseurs, l'auriculaire trapu, le pouce tourné vers l'extérieur, mais les trois autres doigts fins et délicats). Les individus qui possèdent ce genre de main sont en général des personnes sympathiques, versatiles, intelligentes. Cependant, elles font preuve d'un manque évident de volonté qui freine l'enthousiasme initial, et empêche la réalisation de choses qu'elles ont projetées.
Il ne s'agit pas de personnes paresseuses, mais de personnes dont l'enthousiasme s'éteint tout de suite. Ce sont de grands optimistes pleins d'espoir qui pensent toujours que quelque chose d'imprévu va révolutionner leur vie.
Toutes les qualités et tous les défauts des différents types que nous avons décrits varient notablement en fonction d'autres caractéristiques et détails qui en modifient les lignes générales :

■ Mains *dures* : elles sont synonymes d'activité.

■ Mains *molles* : elles dénotent une certaine paresse, mais si les doigts sont légèrement aplatis, elles indiquent un goût pour les évasions spirituelles.

■ Mains *grassouillettes et douces* : elles semblent être faites de caoutchouc et expriment la recherche du plaisir et de la jouissance.

Les doigts, reflet de l'âme humaine

Différentes formes des doigts

Doigts courts

Le sujet est très réfléchi, doué d'esprit d'organisation, dynamique, ordonné, moderne, précis, honnête, capable d'assumer des charges de responsabilité. Les administrateurs, les directeurs d'entreprises, les inventeurs, les hommes de science ont bien souvent les doigts courts.

Ces sujets sont, dans la vie affective, très expansifs et affectueux. Ils inspirent confiance et savent aimer avec dévouement. Ils ont également une très haute conception du devoir.

Les femmes sont bonnes, généreuses et énergiques. Elles s'adaptent à toutes les situations, même les plus difficiles. Ce sont de bonnes mères de famille, d'excellentes épouses et de grandes travailleuses.

Les hommes ont toutes les qualités requises pour réussir parfaitement dans leurs entreprises, avec l'honnêteté. Ils aiment la famille et sont prêts à faire tous les sacrifices nécessaires.

Doigts de longueur moyenne

Les doigts de longueur moyenne (c'est-à-dire quand le majeur a la même longueur que la paume) indiquent un caractère très équilibré, une vive intelligence qui ne se laisse pas dominer par l'instinct.

Le sujet peut aborder n'importe quelle profession, de la plus simple à la plus délicate. Il lui manque peut-être un peu d'imagination : en effet, il a un esprit positif et logique qui lui permet difficilement de rêver. Il va droit au but et ne perd pas de temps en vaines digressions. Ce que nous considérons comme évasion, quand nous nous laissons aller parfois à des rêveries, est pour lui une perte de temps inutile.

Doigts longs

Les sujets sont patients, persévérants, réfléchis, dotés de beaucoup de bon sens. Ils ont une vie intérieure très riche. Ils peuvent choisir une profession qui requiert ordre et méthode (comptable, avocat, médecin, chirurgien, artisan, bijoutier, mécanicien spécialisé, horticulteur, horloger, etc.). Le travail ne les empêchera pas toutefois d'enrichir leur esprit par des lectures et des voyages. Ils ont besoin de voyager pour connaître de nouvelles émotions et de nouvelles sensations.

Les femmes ont de l'imagination et savent transformer un taudis en un lieu très agréable.

Les hommes sont bons et généreux. Ils aiment la famille et inspirent confiance et sympathie.

Doigts très longs

Ils dénotent de l'ambition, de la vanité, et parfois même une pointe de snobisme. Ils indiquent également un amour de la précision presque exagéré.

Les femmes sont de bonnes épouses, un peu futiles parfois. Les hommes aiment la vie mondaine et s'adaptent difficilement à la vie conjugale, n'aimant guère assumer la responsabilité de mari et père de famille.

Doigts robustes et épais

Le sujet est matérialiste, pratique, intelligent, mais possède peu de volonté. Ceci semble être contradictoire : en effet, l'intelligence du sujet le pousse à réaliser ses projets en vue de succès, mais son manque de volonté et sa paresse l'empêchent de les mener à bien. Toutefois, son sens pratique prévaut sur sa paresse et son manque de volonté, lui permettant – quand même – de mener ses projets à bien.

Les doigts robustes et épais appartiennent bien souvent aux sculpteurs, tout du moins aux personnes qui réussissent à créer un objet d'art en partant d'une matière brute.

Doigts fins

Le sujet est idéaliste, sensible, généreux, aimable. Si ces doigts appartiennent à une main harmonieuse, nous avons affaire à des artistes, à des créateurs, à des personnes altruistes au plus haut point ; ils consacrent toute leur vie à leur prochain avec une grande générosité.

Cependant, si ces doigts appartiennent à une main qui n'est pas harmonieuse, les sujets sont astucieux, calculateurs, sans aucun scrupule.

Les femmes aux doigts fins avec une main harmonieuse peuvent travailler dans tous les métiers qui demandent de la bonté, de l'amour, de l'altruisme, un esprit de sacrifice (professeurs, assistantes sociales, infirmières, docteurs, sœurs). En revanche, les femmes aux doigts fins qui possèdent une main disgracieuse sont en général d'incorrigibles coquettes, des menteuses et des perverses.

Les hommes aux doigts fins avec une main harmonieuse peuvent se consacrer à l'art et à la nature, ce sont en outre de bons pères et de bons maris. Au contraire, les hommes aux doigts fins avec une main disgracieuse sont eux aussi des arrivistes sans scrupule.

Doigts gros

Ils peuvent former un signe certain de vulgarité, de gourmandise et d'excès sensuel. Les femmes ont tendance à la paresse, elles sont égoïstes et effrontées. Ce sont rarement de bonnes épouses et de bonnes mères. Les hommes sont joueurs, gloutons et connaissent bien peu les joies de l'esprit. Ils sont toujours partisans du moindre effort, et n'hésitent pas à accepter des compromis de tout genre pour arriver à leurs fins.

Doigts maigres

Ce genre de personnes aime les choses hautement spirituelles et une recherche continue sur le plan intellectuel.

Les femmes sont de précieuses collaboratrices dans la recherche scientifique. Elles sont sévères avec elles-mêmes et ne se sentent jamais pleinement satisfaites de ce qu'elles font, essayant toujours de faire mieux.

Les hommes sont eux aussi des intellectuels d'une grande volonté. Ils ont une pointe d'ambition et aspirent souvent à occuper des postes de premier ordre.

Doigts effilés, lisses et sans nœuds

Il s'agit de personnes idéalistes. Ce sont des artistes, des hommes de lettres, des chercheurs, qui consacrent leur vie aux autres. Les femmes sont d'excellentes couturières, décoratrices, professeurs, tandis que les hommes sont scientifiques, artistes, bijoutiers et horticulteurs de grande classe. Hommes et femmes ont une grande sensibilité.

Doigts noueux

C'est la caractéristique des personnes d'origine modeste. Ils sont un symbole de ténacité, d'honnêteté et de patience. Les femmes aux doigts noueux sont de grandes travailleuses, elles sont également bonnes et généreuses.
Les hommes sont réfléchis, honnêtes et têtus. Ils peuvent se consacrer aux sciences exactes ainsi qu'à l'agriculture, à l'élevage et à la mécanique.

Doigts pointus

Ils sont caractéristiques des personnes ayant une âme noble et un cœur plein de poésie et de sentiments élevés, mais ces qualités s'accompagnent souvent d'un manque de spontanéité.
Les femmes sont de grandes rêveuses, et sont plutôt paresseuses et désordonnées. Ce ne sont pas d'excellentes maîtresses de maison, mais si elles trouvent un homme qui sache les conseiller sans essayer de changer leur personnalité, elles peuvent devenir des mères et des épouses remarquables.
Les hommes sont parfois menteurs et ont une sensibilité presque maladive. Tout comme les femmes, ils ont besoin d'une personne qui sache les encourager et peuvent alors occuper une position de prestige, car ils ne manquent ni d'intelligence, ni d'initiative.
Si les doigts sont exagérément pointus, les activités de ces sujets sont toujours démesurées. Par exemple, s'ils sont religieux, ils seront fanatiques ; s'ils ont une certaine culture, ils seront pédants.

Doigts carrés

Les sujets sont très honnêtes, justes et aiment les situations claires et nettes. Les femmes aiment passionnément mais ne peuvent pas supporter la trahison. Elles n'oublient pas la moindre offense et se vengent par la suite.
Les hommes eux aussi aiment jusqu'au sacrifice mais ne savent pas pardonner. Ils sont justes, généreux mais inflexibles.
Si les doigts sont trop carrés, les sujets sont des maniaques de l'ordre moral et matériel. Ils deviennent alors pédants, prétentieux et souvent intransigeants vis-à-vis d'autrui.

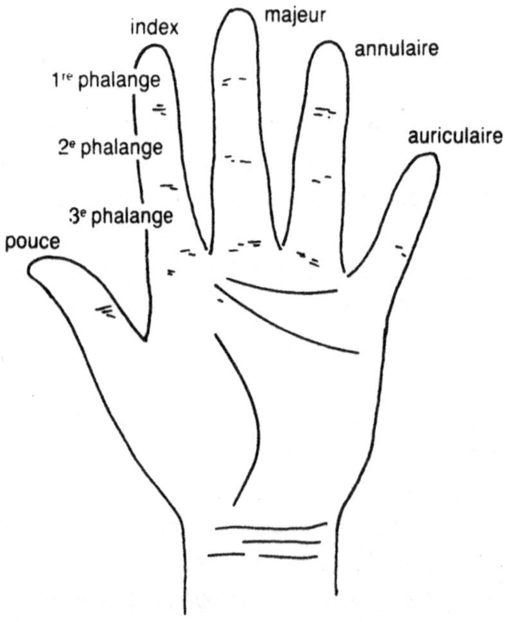

Doigts spatulés

Ils indiquent une force physique peu commune et une excellente santé. Ces personnes jouissent généralement d'une longue vie jamais troublée par des ennuis de santé. Elles ont un bon caractère, cordial et décidé.
Si les doigts sont exagérément spatulés, ceci indique que le sujet déteste l'injustice ; il se révoltera contre toute forme de racisme.

Les femmes ne perdent pas de temps en choses futiles ; elles établissent avec leurs enfants un rapport sincère et ouvert. Elles sont loyales et honnêtes, mais elles attachent peu d'importance à leur élégance et à l'aspect extérieur de leur personne.
Les hommes comme les femmes aiment le travail et la vie active et ils s'y adonnent volontiers.

Bout des doigts ovale

Les sujets ont les mêmes qualités et les mêmes défauts que ceux qui ont les doigts pointus et carrés.
Nous trouvons chez certains les pires défauts et chez d'autres, par contre, les qualités les plus remarquables de ce genre de doigts.

Chaque doigt a une signification

Pouce (doigt de Vénus)

C'est peut-être le plus important : il met en relief la volonté, le bon sens, l'imagination et la force vitale. La première phalange (celle de l'ongle) marque la volonté : la deuxième indique le bon sens et la troisième, qui fait partie du mont de Vénus (voir à ce sujet le chapitre sur les « monts »), dénote l'amour, l'imagination et également la force vitale. Les personnes qui ont les deux premières phalanges de la même longueur possèdent d'une façon équilibrée toutes les forces positives contenues dans le pouce : volonté, bon sens, force vitale et amour se retrouvent et forment ainsi un caractère particulièrement équilibré.

Le pouce long

Il dépasse en longueur le point d'union entre l'index et la paume de la main. Le sujet est doté d'une énergie physique extraordinaire, d'une grande volonté, d'esprit de sacrifice et d'imagination. Il possède également une remarquable intelligence, et le sens de la famille.

Le pouce long avec la première phalange longue

C'est la caractéristique des tyrans et des dictateurs. La superbe, l'entêtement et même la méchanceté priment chez ces sujets qui manquent, malgré tout, de cette intelligence, de cet esprit d'initiative et de ce sens humain que doivent posséder ceux qui sont appelés à commander.

Le pouce très long

C'est le pouce qui dépasse largement la jointure de l'index à la paume et qui va même au-delà de la deuxième phalange de l'index.

Les sujets sont très énergiques mais tombent dans l'entêtement et l'obstination.

Les femmes sont de piètres maîtresses de maison. Elles ont beaucoup d'amis, mais ce sont surtout des relations « qui peuvent servir ».

Les hommes sont des arrivistes et se servent de tout et de tout le monde (amis, relations amoureuses) pour arriver à leurs fins. Ils peuvent tout faire du moment qu'ils occupent le poste de commandement !

Le pouce dont les phalanges sont de même longueur

Le sujet possède en soi toutes les qualités des personnes au pouce long, mais réparties d'une façon tellement harmonieuse que l'on peut affirmer sans le moindre doute se trouver devant des êtres exceptionnels.

Les femmes sont gentilles, affectueuses, sympathiques et réussissent bien dans toutes les professions qu'elles choisissent. Les hommes sont sérieux, affables, sympathiques et ils aiment la famille et le travail.

Le pouce court

Il arrive à peine au point d'union entre l'index et la paume. Le sujet manque d'énergie vitale, il est faible et inconstant. Il manque totalement d'initiative et a toujours besoin de quelqu'un qui l'encourage continuellement, mais les résultats sont peu brillants.

Le pouce très court

C'est le signe d'un manque absolu d'énergie physique et morale. Le sujet est incapable de prendre une initiative, il est pessimiste, impressionnable et présente une tendance au suicide.

Les femmes et les hommes n'arrivent pas à choisir une profession et prennent ce qui se présente, mais sans aucun enthousiasme, allant ainsi le plus souvent à l'échec.

Le pouce gros

Il est épais et pas très long. Ceci indique une grande énergie physique mais aussi un grand entêtement. Le sujet n'accepte pas l'idée que dans la vie on peut perdre et changer parfois d'opinion.

Les femmes sont d'excellentes maîtresses de maison et des travailleuses infatigables, mais elles sont aussi possessives. Les hommes réussissent dans les métiers qui demandent une grande force physique alliée à l'intelligence et à de prompts réflexes.

Le pouce très gros et robuste

Si le pouce est particulièrement épais à la base, le sujet est un homme porté à la gloutonnerie, à la boisson, et il peut être même dévergondé.
Les femmes sont possessives et très irritables.
Les hommes mettent peu d'enthousiasme au travail et sont toujours ennemis du moindre effort.

Le pouce mince

C'est en général un signe de mauvaise santé et de manque de caractère. Le sujet qui a ce genre de pouce ne réussit jamais à s'imposer, par manque de volonté. Si ce doigt est, en plus, court et pointu, le sujet est alors enclin à l'immoralité.

Le pouce large

Il est typique des personnes entêtées mais pleines de bonne volonté.
Les femmes sont bonnes, un peu brusques parfois, mais en réalité timides. Ce sont d'infatigables travailleuses au tempérament très tenace.
Les hommes sont d'excellents chefs de famille. Ce sont d'inestimables travailleurs qui font preuve d'un grand sens des responsabilités.

Le pouce long et large

Il est signe d'obstination et d'orgueil, classique chez les sujets querelleurs qui, dans leurs discussions, en arrivent souvent à la violence.

Le pouce noueux

Le sujet fait preuve d'une personnalité originale. Sympathique et extraverti, il se lie facilement d'amitié avec les autres. On trouve souvent parmi ces personnes des peintres, des artistes, des grands couturiers et des décorateurs.

Le pouce lisse, sans signes

Il indique la droiture et la noblesse de sentiments, mais aussi un manque de fermeté. C'est pourquoi le sujet a besoin d'être poussé à l'action.
Les hommes comme les femmes manquent souvent de sens pratique.

Le pouce raide

Il symbolise dureté et inflexibilité de caractère, même avec les membres de sa famille. De telles personnes ne pardonnent rien. Il n'est pas rare que leurs excès dégénèrent en brutalité et en méchanceté.
Les femmes ont comme caractéristiques principales d'être maniaques de l'ordre, possessives, et très jalouses.
Les hommes n'aspirent qu'au commandement. Ce sont des maris difficiles à supporter, très sévères avec leurs enfants.

Le pouce souple

Le sujet qui le possède fait preuve d'un très grand équilibre et se trouve bien avec tout le monde (il jouit d'un grand esprit d'adaptation).
Les femmes sont bonnes, honnêtes et généreuses. Elles aiment leur foyer et les enfants. Les hommes eux aussi aiment la famille, n'ont aucun problème dans leur travail, et affrontent les difficultés de la vie avec sérénité.

Le pouce droit verticalement

Ce doigt apparaît très collé à l'index, et si la première phalange n'est pas tournée vers l'extérieur, la personne présente alors une grande droiture morale, un sens pratique étonnant, elle est loyale, honnête et franche. Elle sait affronter les difficultés à découvert. Les femmes tout comme les hommes se distinguent dans des tâches qui demandent une relation avec le public.

Le pouce tourné vers l'extérieur de façon naturelle

C'est la caractéristique des sujets généreux et prodigues : parfois ils dépensent avec un peu trop de légèreté et ont quelques problèmes. Les femmes sont un peu superficielles et imprévoyantes. Mais ce sont des femmes délicieuses, sympathiques, cordiales, qui ont le culte de l'amitié.
Les hommes sont également imprévoyants. Ils ont toujours des amis extraordinaires qui les aident à n'importe quel moment.

Le pouce carrément tourné vers l'extérieur

C'est le signe d'un caractère faible. Les sujets ne savent pas résister aux tentations, et sont gourmands, luxurieux.

Ils sont toutefois très sympathiques et aiment la famille. Les femmes sont coquettes et vaniteuses. Ce sont de bonnes mères de famille, mais de piètres organisatrices.

Les hommes ne sont pas toujours des maris fidèles.

Le pouce tourné vers l'intérieur de la paume

Les sujets font preuve d'un caractère ferme et sûr, mais mesquin et avare. Ils obtiennent toujours ce qu'ils se proposent et ne se laissent influencer par personne. Ils sont peu enclins à se faire des amis. Ils ont toujours une certaine réticence à rendre service, surtout quand on leur demande un prêt d'argent. Ponctuels et méthodiques jusqu'à l'obsession, ils réussissent parfaitement dans les métiers qui demandent de la précision.

Les femmes sont indépendantes, ni coquettes ni vaniteuses.

Les hommes sont de bons travailleurs, mais ils sont mesquins et ont tendance à être avares. Ils travaillent surtout pour le plaisir d'amasser de l'argent.

Le pouce séparé de l'index par un grand arc

Ceci indique bonne volonté, désir d'indépendance, modernisme, anticonformisme. Les femmes sont féministes, bonnes mères de famille, excellentes travailleuses.

Les hommes aiment la famille, mais sont parfois volages.

Le pouce formant un angle à la base

C'est le pouce des danseurs, des chanteurs, des musiciens ; ils font preuve d'un goût remarquable pour l'harmonie et le rythme. Ils sont honnêtes, aimables et généreux.

Le pouce de longueur normale

Il n'est ni grand, ni petit, il est harmonieux et révèle donc un tempérament équilibré ; la personne a une volonté de fer. Elle a aussi bon goût.

Toutefois, si la première phalange est courte, cela veut dire que la personne en question a une volonté peu affirmée et un esprit d'initiative inexistant.

Les phalanges du pouce

Première phalange

C'est celle qui porte l'ongle. Elle porte les signes de la force de volonté, de la soif du pouvoir, de l'énergie, de la force physique.

■ De forme normale : ceci indique que le sujet est doté de bonne volonté, d'une certaine tendance à occuper des postes de choix ; tendance modérée, cependant, par un remarquable équilibre.

■ Légère et allongée : elle démontre un désir de se singulariser, désir soutenu par l'orgueil.

■ Très légère et allongée : ce désir de se singulariser est démesuré.

■ Courte : elle est caractéristique des individus qui souffrent d'une volonté faible, d'insécurité, d'impatience, de nervosité. Ils tombent fréquemment dans des crises de tristesse et d'abattement. Ils se laissent facilement dominer par la colère, mais comme ils sont bons dans le fond, ils se reprennent très vite. Ils peuvent également se consacrer à n'importe quel travail qui n'exige pas d'avoir à diriger d'autres personnes.

■ Très courte : tous les défauts du type précédent sont ici très accusés.

■ Ronde : elle est peu fréquente. Elle indique la colère immodérée, la méchanceté, le manque de sens moral, l'agressivité, la violence. C'est le signe des assassins qui tuent froidement pour de l'argent ou par vengeance.

■ Pointue : signe d'une personnalité originale, mais pas d'un caractère facile. Elle est également caractéristique des personnes sujettes à la colère, à la nervosité et à l'excitabilité facile.

■ Très courte et ronde : signe d'entêtement, d'excitabilité extrême, de manque de contrôle. Les personnes ne sont pas sociables, elles tombent aisément dans la mélancolie et sont enclines au suicide. Elles font des parents déplorables et ne connaissent pas les plaisirs de l'amitié.

Deuxième phalange

Indique équilibre, raisonnement, bon sens et volonté.

■ Mince et longue : signe de grand équilibre et sérénité d'esprit. Les sujets sont d'excellents époux et parents. Ils peuvent choisir n'importe quel travail dans lequel, sans aucun effort, ils arrivent à occuper des postes importants.

■ Pas très fine, mais très longue : dénote d'excellentes qualités, parmi lesquelles domine le bon sens. Cependant, étant plutôt intransigeants et minutieux, les sujets finissent par paraître ennuyeux et assommants.

■ Plus longue que la première : il s'agit de caractères difficiles, car l'enthousiasme et la volonté sont entravés par la logique et le raisonnement : avant de se lancer dans une entreprise, ils font cent fois le tour de la question.

■ Mince et courte : les sujets font preuve d'un manque total de logique et se voient ainsi dans l'impossibilité de réaliser quoi que ce soit.

L'index (ou premier doigt ou doigt de Jupiter)

C'est le doigt de l'ambition, de l'ordre moral, du sens religieux, de la possibilité d'aimer, de la sensualité.

L'index droit et harmonieux

Le sujet possède toutes les qualités d'un « chef » : intelligence, capacité de commander et de se faire obéir, esprit d'initiative et détermination inébranlable.

L'index pointu

Ceci dénote une capacité innée d'organisation de la vie et du travail. Les sujets sont dominés par un orgueil particulièrement démesuré. Ce signe peut indiquer aussi une tendance à la vie mystique. Les hommes et les femmes, possédant un grand sens de la beauté, peuvent atteindre des buts appréciables s'ils mettent un peu d'ordre dans leurs idées et se voient poussés à l'action.

L'index carré

L'individu se voit lié, et même dominé, par les conventions sociales. Cette particularité comporte une certaine superficialité.
Les femmes sont ambitieuses. En tant qu'épouses, elles sont un peu difficiles.
Les hommes sont des brillants causeurs et des hommes du monde. Leur ambition leur permet de parvenir à des postes de prestige.

L'index spatulé

C'est le signe d'une force exubérante dans l'action. Il est caractéristique de ceux qui luttent avec fanatisme pour une cause religieuse ou politique.
Les femmes sont rêveuses et perdent le sens des réalités.
Les hommes sont de bons chefs de famille pourvu qu'ils ne se lancent pas dans la politique (ils arrivent alors à négliger leurs devoirs familiaux). Ils peuvent être bons prêtres et activistes politiques.

L'index conique

C'est la caractéristique des personnes dotées d'un grand équilibre. Elles font preuve de sens religieux, de décision, d'esprit d'indépendance, d'amour du travail et du devoir. Elles brillent en tout et sont dignes de confiance.

L'index long et fuselé

Il révèle un esprit inquiet, d'humeur variable, susceptible, inconstant, orgueilleux et ambitieux.

L'index trop long

Il a la même longueur, ou presque, que le majeur.
Les individus sont despotiques, autoritaires et inflexibles.

L'index court

Il n'arrive qu'à la première phalange du majeur (et même en deçà).
Il est le signe d'une certaine faiblesse de caractère.
Dans le travail, les sujets sont honnêtes et minutieux, raisons qui font qu'ils sont bien acceptés. Cependant, ils ne parviennent jamais à occuper des postes importants.

L'index noueux

La prudence est la caractéristique dominante des sujets qui le possèdent. Mais ils sont pédants et ennuyeux, ambitieux et calculateurs.

Les femmes sont très scrupuleuses. À force de planifier l'existence, elles finissent par la rendre ennuyeuse à ceux qui partagent leur vie. Elles manquent de fantaisie (il en est de même pour les hommes).

L'index lisse (sans signes particuliers, ni nodosités)

Le sujet en question fait preuve d'une grande spontanéité qui va de pair avec une absence totale de réflexion.

Les femmes sont des créatures délicieuses, gaies, sympathiques, généreuses.

Les hommes sont des êtres sympathiques, des pères et des époux excellents. Comme ils sont un peu superficiels, ils ont besoin de quelqu'un qui freine leurs élans et leur générosité excessifs.

L'index fin

Caractéristique des personnes qui ont une intense vie intérieure, qui n'aspirent pas aux biens matériels, ni aux richesses ou aux postes privilégiés.

Les femmes sont amoureuses, scrupuleuses, timides et réservées.

Les hommes ne sont pas destinés à occuper des postes de direction, ils n'ont pas la poigne nécessaire pour se faire obéir.

L'index gros

L'ambition pousse les individus à occuper des postes privilégiés, surtout avec le désir d'obtenir pour eux-mêmes et leur famille une vie aisée. Ils aiment excessivement la bonne chère, le luxe, l'alcool et le jeu.

Les femmes adorent les belles toilettes, les bijoux, les jolies maisons ; mais il est rare qu'elles fassent quelque chose de malhonnête pour se procurer tout cela. Si elles se marient, elles ont besoin que leur époux leur laisse leur autonomie.

L'index souple

Il révèle un esprit ambitieux. Les sujets qui le possèdent savent faire leur travail avec diplomatie, et parviennent toujours à leurs fins.

L'index qui est très séparé des autres doigts

C'est la caractéristique des personnes dotées de beaucoup de chance (amour, travail, santé, richesse, choix des amis).

L'index long, bien droit et sans nodosités

Les sujets sont orgueilleux, mais se voient soutenus par une noblesse d'âme peu commune. Ils ne plient pas devant le sort adverse. Ils sont bons et généreux, dignes d'estime.
Les femmes sont les compagnes les plus douces et les plus délicates que les hommes puissent désirer.
Les hommes sont toujours des *gentlemen* au vrai sens du terme.

L'index très long, mais raide

Ici, l'orgueil est présent, mais dans un sens négatif. Les sujets sont très égoïstes. Ils sont totalement dépourvus de générosité, de bonté et de compréhension.
Ils ne pardonnent pas une offense réelle ou imaginaire : ils se vengent de la plus misérable façon : ils n'hésitent pas à dénoncer (même par des lettres anonymes) les innocents qui commettent « l'erreur » de les surpasser en quoi que ce soit.

L'index court, robuste, grossier et dur

L'ambition est le leitmotiv dominant de leur vie. S'ils n'obtiennent pas ce qu'ils veulent, ils n'hésitent pas à avoir recours à la violence. Ils ne sont ni bons époux, ni bons pères.

L'index noueux, mais droit

Il indique un despotisme démesuré (il est typique des dictateurs impitoyables). Ils n'aiment pas, mais ne sont pas aimés non plus ; ils sèment le malheur, mais ne sont pas heureux.

L'index plus long que l'annulaire

(On le trouve très rarement). Il indique le matérialisme et le mépris de tout ce qui est sentimentalité.
Si de plus il est pointu, cela signifie que le sujet est exagérément orgueilleux.

Les femmes sont peu féminines. Elles n'aiment pas jouer le rôle d'épouses et de mères.
Les hommes ne tombent jamais amoureux. Ils négligent la famille, les parents et les amis. Ils sont antipathiques.

Les phalanges de l'index

Première phalange (celle qui porte l'ongle)

C'est la phalange du mysticisme, de l'intuition, de l'esprit philosophique.

■ Longue et mince : les sujets font preuve d'un grand désir de guider ou de dominer les autres, mais de façon positive (caractéristique des instituteurs, des prêtres, des religieux). Ils aiment le silence, le recueillement, l'étude de la philosophie, et ont une vie intérieure très riche.

■ Courte : ce sujet est dominé par le scepticisme, le découragement, le pessimisme, la méfiance. Il est souvent victime de crises de mélancolie qu'il ne sait pas surmonter. Ces individus sont souvent athées : ils élèvent leurs enfants avec amour, mais ne leur apprennent pas à croire en Dieu. Ils peuvent se consacrer à n'importe quelle profession car ils sont tenaces et laborieux.

■ Charnue : le sujet est dominé par un sens de la piété totalement démesuré (il tombe facilement dans le fanatisme et dans l'hypocrisie religieuse). Comme il est bien souvent dominé par une forte sensualité, il est toujours tourmenté par un grand sens de culpabilité. Il élève ses enfants très sévèrement.

■ Mince : les sujets montrent une grande sensibilité et une authentique profondeur de pensée. Ils peuvent être philosophes, prêtres, scientifiques, alchimistes, médiums, bienfaiteurs de l'humanité.
Les femmes, très sensibles, sont très vulnérables et souffrent pour la moindre chose. Ce sont de bonnes mères et de bonnes épouses.
Les hommes sont tellement honnêtes qu'ils ne comprennent pas la malhonnêteté d'autrui. C'est pourquoi ils peuvent être les victimes faciles d'individus sans scrupule.

Intelligents et studieux, ils peuvent se consacrer à n'importe quel travail. S'ils choisissent la carrière d'enseignant, ils sont sévères avec leurs élèves, mais justes et impartiaux.

Deuxième phalange

Elle indique l'ambition, l'orgueil, l'énergie.

■ Longue et mince : cela signifie ambition démesurée, désir de s'élever au-dessus de la masse, activité, esprit d'initiative, énergie physique, vivacité, sympathie.
Les femmes aiment leur foyer, leurs enfants et leur mari, mais désirent aussi de belles toilettes, des bijoux, une belle maison, une position sociale de grand prestige.
Les hommes ne se contentent pas de postes secondaires et parviennent à la réussite grâce à leurs qualités. Ce sont des pères, des époux et des fils excellents.

■ Courte : indique un manque total d'énergie, de caractère, d'esprit d'initiative. Une telle phalange peut annuler les bonnes qualités que portent les autres phalanges de l'index. Le sujet ne sera jamais ni un bon père, ni un bon époux, ni un bon citoyen, précisément à cause de son apathie, et non par manque d'honnêteté. Pour pouvoir donner tout ce qu'il a de bon, il a besoin d'avoir près de lui quelqu'un qui l'aime et le stimule constamment.

■ Charnue : indice de matérialisme, de grossièreté, d'absence de sensibilité.

■ Mince : c'est le signe de l'ambition poussée par l'orgueil et du désir d'atteindre un but pour la satisfaction personnelle d'avoir vaincu.
Les femmes aiment passionnément, mais elles possèdent une remarquable intuition qui les empêche de tomber dans les désillusions.
Les hommes sont honnêtes, capables, travailleurs infatigables.

Troisième phalange

Elle porte les signes de la sensualité, de l'amour du luxe et des honneurs.

■ Longue, forte, avec un nœud évident au point d'union avec la main : le sujet est fortement dominé par le désir de se singulariser, par la prétention et par les instincts sexuels. Il aime la vie de société.
Les femmes adorent le luxe, ne sont pas toujours fidèles en amour, aiment beaucoup les enfants.
Les hommes sont des conquérants (« play-boys »).

■ Courte : les individus manquent d'orgueil, d'ambition et de sensualité. Ils sont apathiques.

■ Replète et charnue : les individus manquent de modération pour la nourriture, la boisson et la sexualité.
Les femmes sont désordonnées ; cependant elles sont très généreuses (il en est de même pour les hommes).

■ Mince : c'est le signe d'une vie intérieure très riche : ces individus ont une certaine tendance à l'ascétisme, à la contemplation, à la réflexion, à l'étude ; ils méprisent les biens matériels.
Ils sont tellement idéalistes qu'ils font rarement fortune.
Les femmes élèvent leurs enfants religieusement ou leur inculquent un idéal politique. Elles sont très simples et aiment beaucoup leur prochain.
Les hommes sont peu recommandables comme époux car ils abandonnent leurs femmes au nom de la politique, de l'art ou de tout autre idéal, jamais par manque d'amour.

Le majeur (doigt de Saturne)

C'est un doigt très important car c'est celui qui marque le destin et la personnalité de l'individu.
On y trouve également toutes les indications concernant l'intelligence, la mémoire, la curiosité, les capacités intellectuelles.
À partir de l'examen des signes du majeur, nous pouvons établir si le sujet est chanceux ou pas, sceptique ou confiant, décidé ou hésitant, et également s'il est superstitieux. De plus, s'il est optimiste, ou pessimiste, s'il est orgueilleux, timide, bon, méchant, violent ou calme.

Le majeur mince et effilé

Le sujet a peu de chance dans tout ce qu'il entreprend. Quoique très orgueilleux, il possède une grande bonté d'âme. S'il triomphe dans son travail, cela est dû à ses capacités, non à la chance.

Le majeur court

L'individu est peu sûr de lui. Les qualités qu'il possède sont la bonté, l'intelligence et la volonté, souvent entravées par son extraordinaire timidité. Il inspire sympathie et amitié.

Le majeur grossier et carré

Ces individus font preuve d'honnêteté, d'une volonté de fer, de goût pour le travail, de fermeté de caractère, de cordialité.

Le majeur spatulé

Il indique pessimisme, manque de confiance dans la vie et dans le genre humain, révolte. Nous avons affaire à des personnes qui souffrent de la manie de la persécution et qui ne savent pas toujours ce qu'elles veulent.
Les femmes rendent leur partenaire malheureux. Elles sont superstitieuses jusqu'au ridicule.
Les hommes sont contestataires et rebelles par nature.
Si la forme spatulée est exagérée, les défauts indiqués sont encore plus prononcés : désespoir et tempérament tyrannique.

Le majeur noueux

Les sujets sont pessimistes et sceptiques, mais très réfléchis, constants et intelligents. Il n'est pas rare que, par le raisonnement, ils arrivent à surmonter les crises de tristesse qui les envahissent et à reprendre confiance en eux-mêmes.

Le majeur lisse et sans signes

Il est le signe d'une intelligence assez exceptionnelle, et plutôt scientifique.
Les individus qui possèdent un tel majeur sont destinés à la réussite et au succès, ils sont sympathiques et spontanés. Leur vie familiale est toujours réussie.

Le majeur gros
Il indique pédanterie, manque de confiance dans les autres, goût pour la philosophie et les raisonnements abstraits.
Les femmes sont des mères aimantes et très tendres.
Les hommes sont méfiants et soupçonneux.

Le majeur mince
Cela signifie spiritualité, pensées élevées, mais aussi inflexibilité. Les individus sont bons et en général sont pourvus d'une grande rigueur morale.

Le majeur pointu
Le sujet est frivole, un peu fat, il aime les choses belles et raffinées ; il est généreux mais peu fiable.

Le majeur large et tordu
La personne est querelleuse, violente et parfois révoltée.
D'une façon ou d'une autre, elle va toujours à l'encontre de problèmes.

Le majeur tourné vers l'index
Ces sujets ont un orgueil et une ambition démesurés.
Étant donné leur caractère épineux, les hommes comme les femmes ne font pas de bons conjoints.

Le majeur incliné vers l'annulaire
Il s'agit d'êtres privilégiés car la nature les a dotés d'un sens artistique et d'un sens de l'humour hors du commun. Ils font preuve d'une grande capacité pour aimer. Ils sont sympathiques, cordiaux et ont un tempérament ouvert.

Les phalanges du majeur

Première phalange
Elle comporte les signes du scepticisme, de la superstition, de la mélancolie et du pessimisme.

■ Pointue : elle signifie équilibre et bon sens. Le sujet a bien les pieds sur terre, mais a une certaine tendance à la tristesse. Comme il est intelligent et capable, il parvient à occuper des postes de grand prestige ; mais cela ne lui monte pas à la tête.
Les sujets sont extrêmement ponctuels, exacts et honnêtes. Ils parviennent à modérer la mélancolie de leur caractère par une vie sociale professionnelle et familiale intense.

■ Carrée : elle est le signe de beaucoup de sérieux et d'honnêteté, mais aussi d'inflexibilité et d'intolérance pour les erreurs des autres. Les sujets sont passionnés et exigeants. Un peu traditionalistes. Ils sont très actifs, cordiaux et sympathiques avec leurs amis. Ils choisissent des professions qui requièrent l'emploi de la force physique.

■ Courte : c'est la caractéristique des fatalistes, de ceux qui acceptent le destin avec résignation. Apathiques, ils ne sont ni vainqueurs ni vaincus.
Ils ne sont pas nés pour commander, mais plutôt pour obéir, même au foyer, car ils n'ont pas de grandes exigences.

■ Très longue, avec la partie charnue replète : le sujet est très prudent car il est méfiant. De plus, c'est un être triste, pessimiste, superstitieux et sujet à de fréquentes crises de nerfs.

■ Longue mais grosse (pas grasse) : c'est un signe néfaste : d'abattement moral. Le sujet n'est jamais tranquille, ni calme, même s'il a des raisons de l'être. Il craint la mort, les maladies, la faim, la misère. En un mot, il a une tendance à rendre les autres et lui-même malheureux. Il est intelligent mais manque d'enthousiasme pour travailler avec efficacité.

■ Avec l'extrémité arrondie et le bout charnu : ces signes sont ceux du courage, de l'audace, de l'esprit d'initiative, de l'amour de l'aventure (dans le bon sens du terme) et, parfois, de l'inconscience. De telles personnes ne se découragent jamais ; elles voient en toutes choses le bon côté, l'aspect passionnant. Elles aiment profondément leur famille. Elles ont beaucoup d'amis et apparaissent à tout moment comme des êtres sympathiques et généreux.

■ Mince : il s'agit de sujets sceptiques, et parfois ennuyeux. Ils s'éloignent de leurs amis et connaissances à force de leur raconter leurs malheurs. Ils peuvent se trouver seuls sauf s'ils côtoient des personnes gaies et optimistes.

Deuxième phalange

Elle porte les signes de l'intelligence, de l'amour des sciences, des animaux et de la nature, et en plus du sens pratique.

■ Longue : indique réserve, mélancolie, manque de fantaisie, réflexion. Les sujets lisent beaucoup, mais préfèrent les livres qui traitent des thèmes pathétiques.
Ils ne sont pas du tout cordiaux ; ils parlent peu en famille. Ils n'ont pas d'amis mais ne le regrettent pas.

■ Courte : le sujet manque de sens pratique et se montre toujours indécis. Il préfère le travail de bureau, mais reste sans grandes aspirations.

■ Replète : c'est le signe d'une certaine tendance aux études scientifiques. Ce sont des sujets studieux et méticuleux.

■ Mince et sèche : mêmes caractéristiques que la précédente, mais plus accusées.

Troisième phalange

Elle représente la possibilité d'apprendre et le sens pratique.

■ Longue : elle démontre un grand amour de l'argent et une certaine avarice.
Les sujets sont perfectionnistes, mais attention à ne pas leur donner trop d'indépendance ! Ils finiraient par chercher leur propre intérêt plutôt que celui de la personne qui leur a confié le travail.

■ Courte : ce sont des personnes économes sans être avares. Elles sont généreuses, aimables, drôles, sympathiques.
Les individus administrent sagement le patrimoine familial, mais sans que

leur famille ait à en souffrir. Ils parviennent ainsi à amasser une fortune relative.

■ Très courte : ces individus font preuve d'une avarice sordide.

■ Replète : ce sont des personnes merveilleuses ; sympathiques, gaies, sociables, généreuses jusqu'à l'excès, loyales, cordiales et charitables. Elles n'ont pas toujours de chance, mais sont entourées de beaucoup d'affection et d'estime.
Elles sont ordonnées et consciencieuses, mais jamais enyeuses. Trop généreuses, ces personnes ont de la peine à s'affirmer dans le domaine professionnel, mais finissent par s'imposer.

■ Mince et sèche : l'infortune les poursuit souvent. Malgré tout, ils reconstruisent ce que détruit le destin et recommencent car leur patience est sans limites.

L'annulaire (doigt d'Apollon)

C'est le doigt qui indique le sens artistique et esthétique d'une personne, son esprit critique, ses tendances à l'idéalisme et son courage.

L'annulaire long

Indique un extraordinaire sens artistique, altéré, néanmoins, par le goût du luxe, de la célébrité, de la gloire. Les sujets choisissent des professions en rapport avec le dessin, la peinture, l'écriture, la mode.
Les sujets sont parfois trop ambitieux et idéalistes.

L'annulaire court

Cette caractéristique altère le sens esthétique. Les sujets sont très pratiques et travailleurs. Ils aiment leur famille mais trouvent leurs plus grandes satisfactions dans leur travail. Ils ont une préférence pour le commerce et l'industrie et sont attirés par le jeu en Bourse.

L'annulaire excessivement court

Il arrive à peine à la base de la première phalange du majeur (et même plus bas). C'est le signe que le sujet est dominé par de bas instincts ; il manque également de courage.

Les individus se consacrent aux affaires, pas toujours licites. Ils sont sympathiques mais noceurs et parfois vulgaires.

L'annulaire pointu

Il indique un tempérament artiste, une tendance à la rêverie, au mysticisme. Les personnes rêvent de se consacrer à l'art lyrique, à la musique légère, à la danse, à la peinture, mais elles manquent de sens pratique.

Elles font preuve d'une tendance exagérée au mysticisme.

L'annulaire carré

Il indique une aversion particulière pour tout ce qui est injuste et contraire à la bonté et aux lois humaines ; ces personnes aspirent au triomphe de la vérité et à la défense de l'innocence du prochain.

Les sujets adorent le luxe, et les œuvres d'art, notamment les tableaux de maîtres.

L'annulaire très lisse et sans signes

Il indique la vocation artistique, l'amour de la famille et le sens du devoir.

Si de plus il est spatulé, cela signifie que le sujet aime l'aventure, qu'il a envie de s'évader à la recherche de nouveauté.

L'annulaire avec des nœuds évidents

C'est le signe que le sujet est doté d'excellentes qualités artistiques, d'amour des études et de la recherche.

L'annulaire de la même longueur que le majeur

C'est un signe de témérité, d'amour du risque.

Les femmes aiment leur famille et élèvent leurs enfants avec beaucoup de bonté.

Les hommes ressentent profondément le sens du devoir. Ils se consacrent aux sports et aux travaux les plus risqués.

L'annulaire plus long que l'index
Cela indique un tempérament artistique et une inspiration qui peuvent conduire le sujet à la gloire.

L'annulaire plus court que l'index
C'est un signe de réalisme, de matérialisme, d'égoïsme, de superficialité. Les femmes sont un peu présomptueuses, inconstantes en amour. Les hommes aiment (un peu trop) courtiser les femmes, mais ils sont vaniteux et inconstants. Ils souhaitent le succès professionnel, sans efforts si possible.

Les phalanges de l'annulaire

Première phalange

■ Longue : elle indique intelligence et noblesse d'esprit, courage et bon sens, amour de l'art et de la beauté.
Les femmes aiment leur indépendance. Intelligentes et honnêtes, ce sont les amies les plus fidèles, aimables et généreuses que l'on puisse désirer.
Les hommes sont très honnêtes et loyaux. Ce sont les personnages classiques « d'une seule pièce ». Ils ont le sens de l'amitié qui va parfois jusqu'au sacrifice.

■ Courte : ce type de sujet peut se contenter d'une vie anodine. Il manque totalement de personnalité.
Les femmes sont de bonnes maîtresses de maison. Elles peuvent se consacrer aux activités qui demandent un contact avec le public.
Les hommes se laissent très facilement dominer dans la vie familiale surtout si leur femme présente un caractère fort et autoritaire.

■ Replète et charnue : c'est un signe de sensualité, d'amour des plaisirs de la vie. Il s'agit de personnes extrêmement sympathiques, à la plaisanterie facile. Elles se marient généralement tard, quand elles s'assagissent.

■ Mince et nerveuse : le sujet est intransigeant, honnête jusqu'au scrupule, très pieux et spirituel.

Les femmes sont exemplaires en tout. Leur soif d'ordre et d'exactitude les rend un peu ennuyeuses.
Les hommes aussi sont rigoureux et sévères, mais d'une honnêteté parfaite.

Deuxième phalange

Elle comporte les signes de la dignité, de l'organisation, du sens pratique.

■ Longue : c'est le signe des dons artistiques qui se « commercialisent » pour en tirer le plus de profit possible. Elle indique donc le bon sens et la clairvoyance.
Les sujets sont très enthousiastes. Ils ont le sens de la réussite et triomphent dans leur profession grâce à leur grande imagination et à leur bon goût (galeries d'art, dessins, produits de beauté, magasins d'antiquités).

■ Courte : c'est la caractéristique de ceux qui n'apprécient pas les choses belles et raffinées, qui manquent de personnalité, de fantaisie et de sens critique. Ils peuvent réaliser n'importe quel travail mais ont toujours besoin d'être guidés.

■ Replète et charnue : le sujet allie qualités artistiques et sens pratique et en retire de bons bénéfices en même temps que de grandes satisfactions.
Les femmes ont l'esprit créatif, et leur personnalité leur permet de se distinguer de la masse.
Les hommes jouissent aussi d'une grande imagination. Ils se distinguent comme pâtissiers, coiffeurs pour dames, couturiers, metteurs en scène et artistes en général. Ce sont des époux et des pères excellents.

■ Mince et sèche : c'est le signe d'un grand tempérament artistique mais d'un manque de sens pratique. Ces personnes se consacrent à l'art pour l'art. Elles débordent d'affectivité et de tendresse.

Troisième phalange

■ Longue : elle marque une vanité démesurée, mais le sujet manque de talent : il est médiocre et désordonné.

■ Courte : elle indique un manque de sens artistique. Il n'est pas rare que les sujets se sentent déplacés dans les tâches qu'ils se voient obligés d'accepter.

■ Replète et charnue : cela signifie orgueil, amour-propre. Les sujets sont de formidables travailleurs ; s'ils s'entêtent dans une chose, ils vont jusqu'au bout. S'ils se trompent, ils reconnaissent leur erreur avec dignité et honnêteté et ils recommencent avec opiniâtreté jusqu'à arriver à bien faire les choses.

■ Mince et sèche : ceci indique un manque d'ambition et le mépris de tout ce qui vise le bien-être matériel et les richesses.
Les sujets se consacrent pleinement – et avec beaucoup de sérieux – à leurs devoirs, mais ils ne luttent pas pour atteindre les premières places. Ils sont très appréciés pour leur honnêteté, leur exactitude, leur amabilité et leur application au travail.

L'auriculaire (doigt de Mercure)

Ce doigt comporte les signes de la délicatesse d'âme, l'intelligence, la sensibilité, l'habileté pour les affaires, la facilité d'élocution. Il indique aussi le dérèglement moral, une tendance à la malhonnêteté, au vol, un goût immodéré pour l'argent et les gains illicites.

L'auriculaire long et fin

C'est la caractéristique de ceux qui se sentent attirés par les études sérieuses et profondes, par la recherche scientifique, de ceux qui sont d'habiles négociants, de ceux qui sont appelés à avoir du succès dans la vie.
Les sujets savent mener leurs affaires très honnêtement avec beaucoup de tact et de diplomatie. Intelligents et cultivés, ils éprouvent un désir constant d'accroître leur bagage culturel. Ils se sentent très attachés à la famille qu'ils considèrent comme l'unique but de leur vie.

L'auriculaire court

Les sujets font preuve d'une grande intuition et d'une soif de savoir extraordinaire. Ils sont très cultivés et studieux. Les femmes aiment la vie familiale et

sont d'excellentes épouses. Elles sont très intelligentes et se consacrent au travail avec efficacité et compétence.
Les hommes se sentent attirés par les sciences exactes ; dans le domaine des affaires, ils ne commettent aucune erreur. Ils sont foncièrement honnêtes.

L'auriculaire fin et pointu

C'est la caractéristique d'un esprit plein de mysticisme et de sens religieux ; il ne manque pas non plus d'éloquence, de capacité de persuasion et de diplomatie.
Les sujets sont remarquablement habiles en affaires et peuvent vendre n'importe quoi.
Ils peuvent choisir la carrière politique ou l'enseignement. Ils se distingueront aussi dans le domaine de la propagande, de la publicité et de la vente.

L'auriculaire carré

C'est le signe d'un caractère sympathique, ouvert, cordial, vif ; une intelligence toujours prête à assimiler et à amasser avec avidité de nouvelles connaissances ; à suivre des études très poussées. Les sujets ont mille occasions de triompher dans les professions qui exigent les qualités énumérées.
Ils se marient avec beaucoup d'enthousiasme et ont généralement une vie conjugale très heureuse.

L'auriculaire spatulé

Il signifie amour du sport et de toutes les activités qui supposent une force physique, y compris la danse. Ce sont des sujets dotés d'une remarquable facilité d'élocution et de persuasion.

L'auriculaire dont la première phalange est courbée vers l'intérieur

Les sujets font preuve d'une remarquable avidité pour l'argent qu'ils recherchent même par des moyens peu honnêtes. Ils sont envieux et peu sympathiques. Ils manquent totalement d'imagination.

L'auriculaire mou et souple

Celui qui le possède fait preuve de beaucoup de tact, de diplomatie, de bonne éducation, d'habileté dans ce qu'il entreprend.

Les sujets défendent la cause des autres comme si c'était la leur. Généreux et sympathiques, ils sont estimés par tout leur entourage.

L'auriculaire gros et grossier
Il est le signe d'un manque de distinction et de dignité. Les sujets ont un caractère bourru, mais dans le fond ils sont bons. Ils demandent à être connus.

L'auriculaire avec des nœuds apparents
Les individus de ce groupe possèdent beaucoup de qualités que l'on trouve difficilement toutes ensemble : courage, capacité pour se débrouiller en affaires, honnêteté, persuasion, éloquence, richesse intérieure.

L'auriculaire maigre, sec et fin
Il indique une intelligence aiguë, mais aussi une bonne dose de méchanceté et d'envie. Ces personnes ne savent pas s'attirer la sympathie des gens.
Les sujets luttent courageusement pour obtenir tout ce qu'ils désirent (places de prestige et grands bénéfices).
Ils sont doués d'une intelligence intuitive et sagace qui leur permet de mener à bien ce qu'ils entreprennent.

Les phalanges de l'auriculaire

Première phalange
Elle porte en elle l'amour profond pour les études et l'art, la versatilité, l'intelligence, le désir d'approfondir les choses.

■ Longue et fine : le sujet est enclin surtout aux études scientifiques et s'intéresse beaucoup aux manifestations artistiques.
Les femmes aiment la musique et la peinture, auxquelles elles se consacrent en amateurs, mais avec un talent inné.
Les hommes aiment tout ce qui a un air scientifique et technique et se consacrent à la famille avec beaucoup d'amour.

■ Beaucoup plus courte que les deux autres : ces individus manquent d'une intelligence vive ; ils ne se sentent pas attirés par l'art ni par les études. Ils manquent d'imagination.
Les femmes sont très actives et sérieuses. Mais elles sont également possessives et jalouses.
Les hommes se consacrent plutôt à des travaux manuels.

■ Carrée : les sujets exploitent leur intelligence et leur goût de l'art, c'est-à-dire qu'ils les mettent au service de bénéfices économiques et de grandes réussites professionnelles. Ils jouissent de bon goût, d'imagination et d'originalité.

■ Spatulée : elle indique dynamisme, esprit d'aventure, aptitude pour le sport, force et résistance physique.
Les femmes ne sont pas toujours féminines ; cependant, elles ont un « charme » particulier qui se nourrit probablement de leur profonde humanité, de leur sympathie, de leur franchise et de leur sereine simplicité. Leur robuste constitution les rend aptes à la natation, au tennis, à l'alpinisme.
Ce sont des mères et des épouses excellentes.
Les hommes sont dotés de beaucoup de courage et de force physique. Eux aussi sont sportifs. Leur aspect est massif, mais ils sont magnanimes et font preuve d'une grande délicatesse de sentiments. Ce sont des maris et des fils très affectueux.

■ Replète et charnue : elle est signe de vulgarité, d'un manque de sensibilité et de distinction. Les sujets n'aiment pas les études, ils n'ont pas d'amis mais n'en désirent pas. Leur vie familiale est cependant satisfaisante.

■ Maigre et sèche : elle marque la douceur, la noblesse d'esprit, le tact, la compréhension, la générosité, la bonne éducation. Le sujet est doté aussi d'une extraordinaire intuition en ce qui concerne le travail.
Les femmes sont des créatures délicieuses, parfaites.
Elles sont appelées à rendre heureux tous ceux qui ont la chance de les approcher : parents, amis, collègues.
Les hommes sont très honnêtes et très estimés. Ils sont totalement ouverts à tous les problèmes qui concernent l'humanité et la charité.

Deuxième phalange

Elle marque le sens des affaires, le sens pratique, l'intuition dans le travail, les bons résultats dans ce qu'on entreprend.

■ Longue et fine : elle signifie grande habileté et succès dans n'importe quelle entreprise.
Les femmes sont très pratiques et se laissent difficilement entraîner à certaines faiblesses.
Les hommes ne sont satisfaits que lorsqu'ils peuvent faire un travail indépendant. Ils sont aimables et honnêtes.

■ Courte : elle dénote honnêteté et loyauté, sens du devoir, goût pour le travail, mais ne montre aucune aptitude pour l'industrie et le commerce. Les sujets n'ont pas l'intuition nécessaire ni la ruse qui leur permettent de prévoir ou d'éviter les histoires des autres.

■ Replète et charnue : elle est caractéristique de ceux qui font preuve d'un grand sens pratique, de matérialisme. Ces sujets aiment beaucoup la famille et les enfants qu'ils négligent parfois parce qu'ils se consacrent corps et âme à leur travail. Cependant, le bien-être de ceux qu'ils aiment constitue le but principal de leur existence.

■ Mince et sèche : ceux qui possèdent un tel auriculaire manquent de sens pratique.
Les sujets sont un peu rêveurs mais aiment profondément leur famille. Ils ont besoin de quelqu'un qui sache les guider.

Troisième phalange

Elle comporte les signes de la malhonnêteté, de la ruse, de l'égoïsme, de l'envie, de l'hypocrisie.

■ Longue et fine : elle indique égoïsme, manque de tact, de délicatesse et d'humanité. Elle signifie aussi ruse et mauvaises intentions.
Les femmes visent un mariage qui les place dans une position privilégiée, elles manquent de douceur et de compréhension.

Les hommes sont égoïstes. Ils sont nés pour le monde des affaires. Comme ils manquent de scrupules, ils obtiennent toujours des avantages et des bénéfices en leur faveur.

■ Courte : elle signifie ingénuité, manque de sens commun. Les sujets sont peu passionnés mais sont honnêtes et transparents. S'ils n'ont pas la chance d'avoir près d'eux quelqu'un qui les conseille, ils finissent par devenir facilement victimes de gens sans scrupule.

■ Replète et charnue : elle indique faiblesse de caractère et excès en tout genre.
Les femmes sont ambitieuses et vaniteuses, coquettes et sans scrupule ; elles sont attirées par le luxe, le bien-être économique, la réussite et le pouvoir. Elles ne sont pas de bonnes maîtresses de maison. Les hommes sont fortement attirés par les plaisirs sexuels et par les jeux de hasard.

■ Mince et sèche : c'est un signe d'avarice, de soif d'argent, de calcul, de ruse.
Les femmes, intrigantes, n'inspirent autour d'elles qu'antipathie.
Les hommes ne regardent que leur propre bien-être et celui de leur famille. Dommage que pour l'obtenir ils n'hésitent pas à commettre des actions malhonnêtes !

Les monts

On appelle ainsi les proéminences plus ou moins apparentes, situées dans la paume de la main, à la base des doigts.

Ils sont sept et portent le nom de certaines planètes car ils reçoivent de celles-ci leurs influences bénéfiques ou néfastes. Il faut tenir compte du fait que, lorsqu'un mont s'incline ou s'appuie sur un autre, il reçoit toutes les caractéristiques de celui-ci.

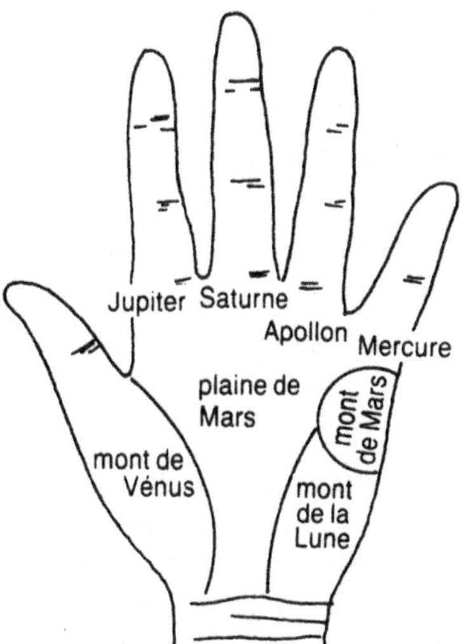

Le mont de Vénus (à la base du pouce)

Il indique l'amour, la sensibilité, la capacité affective, la sensualité, l'énergie physique.

Mont de Vénus normal

Il est mou, mais sans excès, bien formé, avec des stries et des signes bien visibles, mais pas trop marqués ni colorés.

Il signifie générosité, bonté, tendresse, capacité d'aimer vraiment et profondément, sensibilité, compréhension, élégance, distinction, amour de la beauté et de l'harmonie, esprit, amour de la famille.

Mont de Vénus très haut et avec plusieurs signes verticaux

Il indique une luxure portée à l'excès, une grande énergie physique gaspillée en aventures amoureuses.

Les sujets sont jaloux et possessifs.

Mont de Vénus plat ou peu évident

Signe d'égoïsme, d'absence de sensibilité, de paresse, d'aridité d'esprit et parfois de bêtise.

Les sujets ne s'intéressent à rien qui ne soit pas en rapport avec leur personne et leur bien-être personnel.

Les personnes de leur entourage ne reçoivent d'eux ni affection, ni solidarité.

Mont de Vénus étroit, pas charnu

C'est le signe d'un manque total de générosité, d'un égoïsme mesquin, d'une absence complète de jalousie. Les sujets sont égoïstes et un peu avares. Il est rare qu'ils réalisent un geste de générosité et de pardon.

Mont de Vénus peu élevé et sans lignes

Il dénote un caractère tranquille, très contrôlé, un peu froid. Les femmes ne perdent jamais la tête et supportent les déceptions sans rien en laisser paraître. En amour non plus elles ne sont pas expansives. En ce qui concerne le

travail, elles s'orientent vers la comptabilité et des occupations qui requièrent attention et précision.
Les hommes sont impassibles, un peu énigmatiques. Ils peuvent se consacrer avec succès à n'importe quelle profession.

Le mont de Jupiter (à la base de l'index)

Jupiter, dieu suprême de la religion païenne, est généralement représenté sous les traits d'un homme majestueux et barbu, assis sur un trône, la foudre dans la main droite et dans la gauche une victoire qui a un aigle à ses pieds. La victoire signifiait que le dieu était toujours vainqueur ; l'aigle, quant à lui, est le roi des oiseaux sur lesquels il règne sans partage ; pourtant il s'incline devant la puissance de Jupiter.
Le mont de Jupiter indique le goût pour le commandement, la religiosité, les nobles ambitions, la soif d'honneurs, la joie, l'amour de la nature, le bonheur en amour.

Mont de Jupiter normal

Il signifie que la personnalité est riche en éléments positifs (honnêteté, noblesse d'âme, profonde bonté, amour heureux, caractère équilibré guidé par le bon sens et la logique). Les sujets sont des êtres vraiment exemplaires. Ils sont appelés à occuper des postes directifs. Leurs subalternes leur témoignent leur fidélité, ainsi que leur affection et leur estime.

Mont de Jupiter peu élevé et sans caractères évidents

Les sujets de ce groupe présentent les mêmes caractéristiques que ceux du type précédent, mais moins accusées. Ils aiment la tranquillité et la vie calme ; cependant, face aux difficultés ils savent agir de façon énergique et décidée, ils sont équilibrés.

Mont de Jupiter haut et net

C'est le signe d'un grand égoïsme, d'un orgueil démesuré, de soif de pouvoir, de superstition.
Les sujets sont si arrogants qu'ils préfèrent la misère plutôt que de se plier à

une occupation plus modeste que celle à laquelle ils aspirent. Ils ne reconnaissent jamais leurs erreurs, même si elles sont évidentes.

Mont de Jupiter très haut et net

Il dénote vanité, fatuité, soif de luxe, et de prestige. Il signifie également manque de scrupules, esprit dominateur et autoritaire, superstition.

Mont de Jupiter plat ou peu évident

C'est le signe d'un manque de personnalité et d'un caractère faible et ennuyeux.

Mont de Jupiter aplati

Il indique un manque d'orgueil, d'amour-propre, de sens religieux, et une certaine tendance à la négligence.

Mont de Jupiter situé entre l'index et le majeur

En plus d'une certaine tendance aux pensées élevées et à la spiritualité, il révèle une absence totale d'intérêt pour tout ce qui est matériel et terrestre. En revanche, le sujet est égoïste et manque de compréhension envers son prochain.

Le mont de Saturne (à la base du majeur)

La mythologie représente ce dieu sous la forme d'un vieillard portant une faux à la main, symbole du temps qui détruit toute chose, ou bien avec un serpent se mordant la queue symbolisant l'éternité ainsi que les vicissitudes de l'existence.
Ce mont représente la prudence, la sagesse, la soif de connaissance, le temps qui dévore, après douze mois, son propre enfant, c'est-à-dire l'année.

Mont de Saturne normal

C'est le signe d'une vie calme et tranquille, sans grandes secousses, pleine de satisfactions, agrémentée par un certain bien-être économique.

Les sujets sont capables d'apporter à tous ceux qui vivent à leurs côtés la simplicité, la sagesse, la paix, la sérénité et la tranquillité.

Mont de Saturne peu élevé

Les sujets présentent les mêmes qualités que précédemment mais atténuées.

Mont de Saturne élevé et net

(Il est rare de trouver un mont de Saturne ayant de telles caractéristiques, mais il en existe quelques-uns.)
C'est le signe d'un caractère introverti, de misanthropie, de réflexion, d'orgueil particulièrement démesuré, de piété, d'ascétisme.
Ces sujets aiment la lecture et les études, ils préfèrent se consacrer à des tâches qui ne requièrent pas de contacts humains car ils sont méprisants et distants. Ils sont généralement tristes.

Mont de Saturne très élevé et net

On trouve aussi très rarement ce signe.
Il indique un caractère difficile, névrosé et une profonde misanthropie.

Mont de Saturne plat et peu évident

C'est la caractéristique des gens malheureux, poursuivis par la malchance, indépendamment de la confiance qu'ils ont malgré tout dans la vie, le futur et les hommes.
Toutefois, malgré ce tableau un peu sombre, il faut reconnaître que ce sont des personnes merveilleuses à cause de cette confiance qu'elles ont en toute chose : dans les hommes, la chance, le futur, et la justice. Parfois, cette confiance est finalement récompensée.

Mont de Saturne creux

Il dénote frivolité, aboulie, légèreté de caractère, inconscience, irresponsabilité et même un peu de paresse.
Les sujets sont souvent de grands irresponsables qui compromettent également leurs proches parents. Tout ceci est la conséquence de leur manque de bon sens et de leur faiblesse de caractère. Ils sont toutefois généreux, bons, gais et sympathiques et savent aimer profondément.

Le mont d'Apollon (à la base de l'annulaire)

Il subit les bonnes et les mauvaises influences d'Apollon, le plus beau des dieux païens, protecteur des arts et de la musique ; il indique la chance, le risque, la gloire, le succès, la générosité et l'amour des arts.
C'est aussi une preuve de spiritualité, de sincérité, d'amour de l'art.

Mont d'Apollon normal

Il dénote bon goût, tendances artistiques et talent, secondés par une grande intelligence ; chance et destin heureux plein de satisfactions et d'admirateurs.
Il s'agit de personnes loyales, honnêtes, sympathiques et communicatives. Leur charme particulier les rend irrésistibles, elles sont attirées par la création artistique.

Mont d'Apollon très élevé

Il indique vanité, amour démesuré des richesses et du bien-être. C'est aussi un signe de snobisme, de superficialité et d'un profond amour de l'art qui est gâché par les défauts précédents (ces individus ne se sentent guère décidés à s'affirmer dans le domaine artistique tant ils sont attirés par leur soif d'argent).

Mont d'Apollon plat ou peu évident

Il indique une absence totale d'amour de l'art, une nette tendance au commerce et aux affaires, un manque de distinction. Les sujets sont un peu vulgaires. Ils aiment le luxe, mais sont honnêtes, diligents et minutieux.
Ils choisissent des métiers qui requièrent des réflexes rapides.

Mont d'Apollon creux

Il indique peu de chance, amour de l'art, spiritualité.
La vie de ces personnes est pauvre en satisfactions, souvent émaillée de désillusions, de contrariétés et d'infortune. C'est dommage car ce sont des sujets doués d'une vie intérieure vraiment remarquable. Il n'est pas rare, cependant, que le destin leur réserve (même à l'âge mûr) certaines satisfac-

tions, comme le bien-être économique et le succès. Ils ont des dispositions pour l'écriture.

Le mont de Mercure (à la base de l'auriculaire)

Mercure, l'interprète des désirs de Jupiter et des autres dieux, était également leur messager. Sa rapidité était accentuée par son casque et ses pieds ailés. Il protégeait les marchands, les voyageurs, les voleurs et les orateurs. Ce mont indique une grande éloquence, une intelligence vive, la capacité d'atteindre des objectifs précis, et un talent pour le commerce et les sciences.
Il indique une disposition pour le commerce et l'industrie, de l'intérêt pour les études, en particulier pour les sciences naturelles et la médecine. Il signifie aussi ruse, dons de persuasion, habileté pour mentir, soif d'argent, manque d'honnêteté.

Mont de Mercure normal

C'est le signe d'une prédisposition aux études scientifiques, d'une intelligence vive et versatile, d'un don d'organisation et d'un esprit d'entreprise. Il indique aussi une éloquence hors du commun, une grande habileté servie par la rouerie, un extraordinaire esprit d'adaptation. De plus, les sujets sont susceptibles, présomptueux, avares, peu honnêtes et, parfois, usuriers. Ils n'ont qu'une pensée dans la tête : gagner de l'argent coûte que coûte.

Mont de Mercure élevé et évident

Les individus de ce groupe possèdent les qualités des sujets dont le mont de Mercure est normal, mais pas leurs défauts. C'est-à-dire qu'ils ne sont ni avares ni présomptueux et qu'ils font preuve d'une grande honnêteté.

Mont de Mercure très élevé et évident

Les défauts sont ici très accusés : fatuité, avarice, soif d'argent, absence totale de scrupules et d'honnêteté. Les sujets de ce type peuvent être voleurs, usuriers, délinquants. Ils ont cependant quelques qualités (ordre, amour de la famille et des études scientifiques, méticulosité) mais ils sont étouffés par les graves défauts déjà signalés. Ces personnes ne sont pas sympathiques.

Mont de Mercure plat, peu évident et mou
C'est la caractéristique de ceux qui manquent de caractère et de personnalité. Ils n'ont aucun sens du devoir : ils ont tendance à se décharger de toute responsabilité sur les autres. Les aspects négatifs de ce groupe sont pratiquement annulés si, sur ce mont, apparaît très nettement une série de lignes qui se développent vers le haut de la main.

Mont de Mercure en creux
Les sujets marqués de ce signe sont malhonnêtes car ils se consacrent habituellement au vol et à l'escroquerie. Ce sont des personnes qu'il faut fuir.

Le mont de Mars (au-dessous du mont de Mercure)

Il indique la force d'âme, la capacité pour lutter contre le destin et les forces négatives, la résistance à la fatigue, le courage, l'activité physique, la tendance aux études.

Mont de Mars normal
Le sujet jouit d'une grande sûreté de soi, de « self-control », de courage, d'amour-propre, d'intrépidité et de générosité. Les femmes n'éprouvent pas le besoin de s'appuyer sur « l'épaule du mâle » pour se sentir sûres. Elles sont remarquablement organisées et très actives.

Mont de Mars élevé
C'est le signe d'un mauvais caractère qui se manifeste par la méchanceté, l'injustice portée jusqu'à la tyrannie, la violence, la vantardise, la fatuité. Les sujets sont parfaitement organisés mais attention à ne pas les contredire ! Les professions qui conviennent le mieux à ce type de personnes sont celles où elles peuvent « commander », mais comme elles manquent d'humanité, elles provoquent parfois le mécontentement.

Mont de Mars très élevé et évident
Les défauts que nous venons de décrire sont ici accentués : la tyrannie atteint la cruauté, le délit. À tout cela, il faut ajouter le sang-froid et le contrôle parfait des nerfs.

Mont de Mars plat ou peu évident

C'est un signe de manque de courage, de faiblesse physique et morale. Les individus sont incapables de prendre une décision sans avoir recours aux conseils de parents et d'amis. Toute relation avec leurs collègues et leurs chefs dans le travail est marquée par un manque de sincérité.
Ils n'ont en outre aucun sens de la responsabilité, aucun esprit d'initiative. Cela ne veut pas dire cependant que ce sont des personnes dépourvues d'intelligence.

Mont de Mars en creux

Les sujets ont les mêmes caractéristiques que ceux dont le mont de Mars est plat.

Le mont de la Lune

Il se trouve sous le mont de Mars. Dans l'Antiquité, la Lune était une divinité chaste et solitaire. Les qualités qui lui sont associées sont la fantaisie, la poésie, l'amour du silence, de la solitude, de la méditation.
Il porte les signes de la fantaisie, de la mémoire, du désir et de la curiosité de connaître des endroits nouveaux et tout ce qui se passe dans le monde, de la soif d'enrichir son propre patrimoine culturel.
Le mont de la Lune indique également paresse, luxure, goinfrerie et superstition.

Mont de la Lune normal

Le sujet est doué d'une imagination féconde ; il se sent attiré par les lettres. C'est en général une personne mélancolique, cultivée, et studieuse.
Il a toujours la tête dans les nuages, mais il est intelligent, sympathique et excellent causeur.

Mont de la Lune élevé

C'est un indice de nervosité, d'irritabilité, d'instabilité, de caprice et de superstition.

Les individus désirent de tout cœur une position sociale aisée et prestigieuse. On leur pardonne aisément leur caractère si peu malléable car ils ont beaucoup de charme.
Ils sont intelligents et possèdent une grande volonté, mais leur susceptibilité éloigne parfois leurs amis.

Mont de la Lune très élevé

Les sujets sont sympathiques et cordiaux, ils ont beaucoup de fantaisie et apprécient (peut-être un peu trop) la bonne chère et les bons vins.

Mont de la Lune plat ou peu évident

Nous avons affaire à un caractère opposé au précédent. Cette forme plate se rencontre assez rarement.

La plaine de Mars

La plaine de Mars est une grande partie de la paume, comprise entre les monts de Jupiter (index), de Saturne (majeur), d'Apollon (annulaire), de Mercure (auriculaire), de Mars (sous le mont de Mercure), de la Lune (sous le mont de Mars), la ligne de Tête (qui part du mont de Jupiter et arrive à celui de la Lune), la ligne de Cœur (qui part du mont de Jupiter et s'étend jusqu'au mont de Mercure), la ligne de la Vie (qui va du mont de Jupiter aux bracelets).
La plaine de Mars se subdivise en un Quadrilatère, un Grand Triangle et un Petit Triangle, afin de permettre une lecture plus aisée de tous les signes qu'elle contient. Ceux-ci indiqueront les qualités, les défauts, le caractère, le destin, et même l'état général de santé ou les prédispositions à certaines maladies du sujet dont on est en train d'examiner la main.

Le Quadrilatère

Il est situé entre la ligne de Cœur, celle de la Tête, le mont de Mars et le mont de Jupiter.

Large
C'est le signe d'un caractère extrêmement franc, loyal, courageux, audacieux, intrépide. Le sujet jouit d'une excellente santé et d'une parfaite droiture morale. Il a également des aptitudes littéraires.

Étroit
Il indique un caractère méfiant et très prudent, économe, retors et hypocrite. Si le Quadrilatère se rétrécit uniquement dans la partie basse, cela suppose

timidité, indécision, capacité de dissimulation de ses sentiments, mais aussi beaucoup d'égoïsme. S'il est traversé par plusieurs lignes plutôt profondes, c'est un indice d'immaturité, de manque de bon sens, d'incapacité à affronter les difficultés.

Le Grand Triangle

Il est formé par la ligne de la Vie, celle de la Tête et celle du Soleil.

Bien défini (sans franges)

Le sujet jouit d'une bonne santé et n'aura jamais ni maladies graves, ni accidents. Il indique aussi une vive intelligence, une remarquable facilité pour apprendre et un grand équilibre moral.

Large

Il signifie bonté d'âme, noblesse de sentiments, sensibilité, un peu de timidité, honnêteté parfaite, générosité.

Pareil à un rectangle

Le sujet a des aptitudes pour la magie et les sciences occultes.

Étroit

Esprit d'économie qui va jusqu'à l'avarice et la mesquinerie.

Situé très bas (vers les raies du bracelet)

Indique une grande paresse, un manque d'enthousiasme pour les arts, les études et les relations humaines. Le sujet aime être seul avec lui-même, sans même la compagnie d'un bon livre ou de musique, car il est assez contemplatif.

Angle supérieur (ou de l'Intelligence)

Il est composé par la ligne de Vie et celle de la Tête.
Un angle bien visible est le signe d'une intelligence vive et d'un équilibre moral.

Angle inférieur (ou de la Santé)
Il est composé par la ligne de Vie et celle du Soleil.
Bien visible, il est signe de santé, d'équilibre et d'intelligence.

Angle de la Longévité
Il est composé par la ligne de la Tête et celle de la Santé. Si les lignes sont bien visibles et marquées, le sujet aura une vie longue et très saine.

Le Petit Triangle

Il est formé par la ligne de Saturne, la ligne de la Tête et la ligne du Soleil. S'il est bien défini, le sujet est intelligent et curieux.

Les lignes de la main

En examinant la paume, on remarque trois lignes, qui sont les plus longues et les plus marquées. En général, on examine plutôt la main gauche car les différents signes y sont inscrits d'une façon plus nette. Les lignes de la main sont classées de la façon suivante :

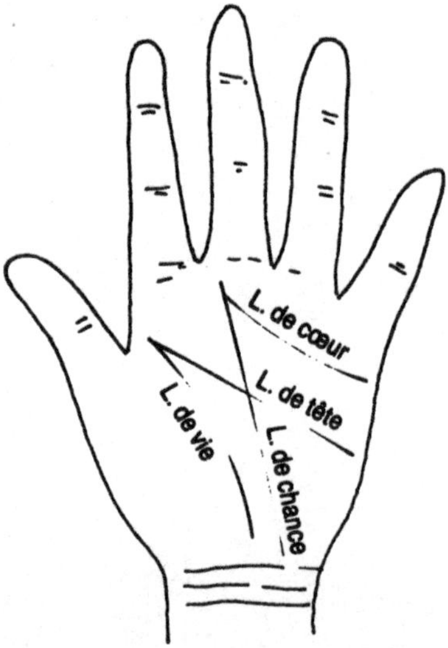

– lignes principales : ligne de Cœur, ligne de Tête et ligne de Vie ;
– lignes secondaires : ligne de Saturne ou de Chance, Destin, ou Fatalité ; ligne d'Apollon, ou ligne de la Réussite ; ligne de la Santé, appelée également ligne hépatique ; ligne de Mercure ou ligne de l'Intuition ; la Voie lascive appelée aussi Voie lactée.

La Ligne de Coeur

C'est la première des trois lignes, en partant de la base des doigts. Elle barre horizontalement la main, de Mercure, pour aller, souvent, jusqu'au mont de Jupiter. Elle est en relation avec les événements de la vie affective, c'est-à-dire les sentiments, les peines, les moments tristes ou joyeux de notre existence.
Elle concerne également les maladies de cet organe et les troubles de la circulation sanguine.

Longue, belle, nette, doucement courbée, légèrement rosacée, suivant une courbe mont de Jupiter-mont de Mercure
Elle signifie amour heureux, bonté, compréhension, amour du prochain.

Même longueur que la précédente, mais s'arrêtant un peu avant le mont de Jupiter
Même signification que la précédente, mais la chance en amour n'est pas sûre.

Ligne de Cœur courte
Si elle n'arrive à aucun des deux monts cités, ceci indique égoïsme, insensibilité, manque d'humanité.

Ligne de Cœur fine et délicate
Le sujet ne manifeste pas ses sentiments car il se préoccupe seulement de son bien-être.

Ligne de Cœur en forme de chaîne
Inconstance en général dans les sentiments, en amour et en amitié. Le sujet a tendance à se vanter.
Il a une certaine prédisposition à l'anémie, au lymphatisme.

Ligne de Cœur droite, sans ramifications
Manque total de générosité, d'amour du prochain, des animaux et de la nature.

Ligne de Cœur de couleur très pâle
Forte sensualité, légèreté dans les sentiments, et peut-être même immoralité. La vieillesse est toujours triste pour lui, marquée par la solitude et le remords.

Ligne de Cœur droite, sans fractures, très marquée et qui traverse toute la main
C'est le signe caractéristique des sujets cruels et violents, des dictateurs, des présomptueux, de ceux qui rendent malheureuses toutes les personnes qu'ils rencontrent.
Si la ligne de Cœur s'unit à la ligne de Tête ou à celle de la Vie, avec une croix sur le mont de Jupiter, cela signifie que le sujet aura un mariage difficile.

Ligne de Cœur un peu tortueuse
C'est un signe d'avarice et d'égoïsme.

Ligne de Cœur absente de l'une des mains
Absence d'amour du prochain, soif d'argent et de pouvoir. En ce qui concerne la santé, le sujet a des prédispositions pour les maladies de cœur.

Ligne de Cœur double
Ce signe particulier indique une grande bonté et une générosité, amour pour toutes les créatures, culte de l'amitié.

Ligne de Cœur qui dépasse le mont de Jupiter et se dirige vers le dos de la main
Le sujet gaspille son énergie en amours inutiles et désordonnées.

Ligne de Cœur qui se termine avec deux branches ouvertes sur le mont de Jupiter
C'est un indice certain de chance, de bonheur et d'amour.

Ligne de Cœur qui finit sur le mont de Jupiter, mais près de la jointure de l'index
Vie malheureuse, pleine d'angoisses et de soucis. Le sujet est toutefois sympathique, sa vie affective est riche et il a de nombreux amis.

Ligne de Cœur qui finit à cheval entre l'index et le majeur
Le sujet aura une vie très active, même si la chance ne lui sourit pas toujours ; il continuera à travailler jusqu'à un âge très avancé. S'il y a des (ou une) franges qui s'avancent vers le mont de Jupiter, ceci démontre bonté, caractère doux et énergique à la fois.

Ligne de Cœur à trois branches se dirigeant vers le mont de Jupiter
Le sujet aura de la chance (un peu tardive), riche d'honneurs et de bien-être.

Ligne de Cœur qui finit sous le mont de Saturne, avec des fractures à la fin
Destin malheureux, avec toutefois des parenthèses de bonheur. Si les franges sont nombreuses et nettes, cela veut dire que le sujet aura de nombreuses amours, mais peu heureuses.

Ligne de Cœur qui s'interrompt sous le mont d'Apollon
Désillusions, mais de type politico-social.

Ligne de Cœur qui s'interrompt sous le mont de Mercure
Le sujet est rusé, peu sensible, calculateur, habile.

La Ligne de Tête

La ligne de Tête est située généralement entre le pouce et l'index. Son parcours est presque toujours horizontal et finit en direction du mont de la Lune ou sur celui-ci.
Elle indique le caractère, l'intelligence, l'imagination, la sensibilité et les maladies nerveuses.

Ligne de Tête nette et bien marquée
Force de volonté, esprit d'observation, courage, énergie physique, santé précaire.

Ligne de Tête droite, qui traverse toute la paume jusqu'au bord de la main
Une telle ligne indique mesquinerie et avarice.
Le sujet a de grandes aptitudes pour les travaux de précision qui demandent des calculs précis et méticuleux.

Ligne de Tête, sans franges, parcourant la paume jusqu'au mont de la Lune après avoir traversé la plaine de Mars
Le sujet a des aptitudes littéraires. Il est idéaliste et traduit ses émotions par la poésie.
Une tendance très nette à l'étude des sciences occultes est possible.

Ligne de Tête un peu courbée en direction du mont de Saturne
C'est un signe de malhonnêteté, d'hypocrisie, de manque de scrupules, d'aptitudes pour le commerce et les affaires en général.

Ligne de Tête très fine
C'est un signe d'intelligence supérieure, esprit curieux et désireux de connaître.

Ligne de Tête courte, mais droite
Si elle est bien marquée, avec une couleur nette, cela signifie que le sujet est la proie de passions amoureuses et d'un tempérament jaloux.

Ligne de Tête droite, mais en forme de chaîne
C'est certainement l'indice d'une bonne intelligence, soutenue par un effort constant de volonté.

Ligne de Tête éloignée de la ligne de Vie
C'est un signe de grande confiance en ses propres ressources, d'audace, de témérité. Par contre, si la ligne parcourt une certaine distance unie à la ligne de Vie, c'est une marque de timidité, de douceur de caractère et de sensibilité.

Ligne de Tête qui finit sur la ligne de Cœur
Le sujet est idéaliste et ses sentiments sont nobles et profonds.

Ligne de Tête double

Chance incroyable. Gains au jeu, hérédité, travail bien rémunéré, ou bien mariage d'amour avec une personne riche. Le sujet jouit d'une vie exceptionnellement facile et heureuse.

Ligne de Tête tortueuse

Le sujet a un caractère impossible à cause de son égoïsme et de son irascibilité. Si elle l'est légèrement, les défauts sont amoindris.

Ligne de Tête qui arrive sous le mont d'Apollon

Le sujet est doté d'un instinct remarquable et d'une grande capacité à pressentir les événements.

La Ligne de Vie

Elle est tracée en demi-cercle et commence entre l'index et le pouce, et continue jusqu'au bracelet en contournant le mont de Vénus.
Elle a trait aux maladies, à la durée de la vie, à la chance.

Longue et bien tracée

C'est un signe de longue vie, sans maladies. Si la ligne ne présente pas de signes particuliers (croix, étoiles, points, etc.), le sujet aura de plus beaucoup de chance grâce à l'équilibre de son caractère. Si elle est double, c'est un signe excellent. Le sujet aura une vieillesse prolongée et heureuse (parfaite lucidité d'esprit, santé, affection et bien-être économique).

Courte, mais visible dans une seule main

C'est le signe d'une vie courte. Si la ligne courte est visible dans les deux mains, on peut déterminer la durée de l'existence en additionnant la longueur des deux lignes.

Longue, rouge et très nette

Vie longue, pleine de satisfactions. Une vie qui se termine en une vieillesse heureuse, sereine, entourée de tendresse.

En forme de chaîne
Santé délicate, système nerveux instable (humeur changeante), sensibilité maladive.

Fine
Santé délicate, mélancolie, insatisfaction, vocation intellectuelle.

Très fine
Il s'agit de sujets hypersensibles, névrotiques, instables.

Mal tracée et inégale, un peu à zigzag
Santé extrêmement délicate ; le sujet a un caractère changeant et indécis.

Nombreuses interruptions
Plus il y a d'interruptions, plus nombreuses seront les maladies. La durée de vie dépend de la longueur de la ligne.

Interrompue
Si ce signe est visible dans une seule main, ceci veut dire que le sujet a eu (ou aura) une maladie grave, mais non fatale.

La Ligne du Destin (Ligne de Saturne ou de Chance)

Elle commence au-dessus du poignet, parcourt la partie centrale de la main et finit sous le mont de Saturne ou de Mercure. Parfois, elle prend naissance sur la plaine de Mars, ou bien sur le mont de la Lune, ou bien elle part de la ligne de Tête ou de Cœur.
Elle indique bonheur ou malheur, bien-être économique ou misère, réussite ou échec en amour. C'est une ligne que l'on ne rencontre pas automatiquement dans toutes les mains. Parfois, elle est à peine esquissée, ou bien il y a seulement des morceaux, mais il est probable qu'elle ne figure pas dans la main.

Très nette et longue ; du mont de Saturne, elle se divise en deux branches
Réussite dans tous les domaines. Si elle se termine à la base du majeur : richesses grâce à un héritage ou grâce au jeu. En ce qui concerne l'amour, c'est le signe d'un mariage réussi de tous les points de vue.

Si elle naît à la ligne de Vie
Changement favorable dans la vie du sujet, à l'âge opportun. Ce changement procurera bien-être financier et de nombreuses satisfactions.

Si elle naît dans la zone de Mars
Le changement favorable surviendra vers 20 ans.

Si elle naît au mont de la Lune
Changement particulièrement favorable (mariage avec une personne amoureuse et importante).

Si elle naît à la ligne de Tête
Changement favorable vers 30 ans, du point de vue financier et professionnel.

Si elle naît à la ligne de Cœur
Pour que le changement favorable se produise vers 40 ans, la ligne doit être nette, rosacée et sans interruptions.

Si elle naît au bracelet et se termine au-delà de la deuxième phalange du majeur
Nombreuses contrariétés, échecs et désillusions.

Si des branches montent vers les doigts
De véritables coups de chance peuvent se produire (autant qu'il y a de branches). Si les branches descendent vers le poignet, c'est un signe de difficultés financières.

Si elle s'interrompt en plusieurs endroits
Chaque fracture marque un épisode désagréable dans le domaine économique.

Si elle est interrompue à hauteur de la ligne de Tête
Destin contrarié vers 30 ans.

Si elle est interrompue à hauteur de la ligne de Cœur
Fortune, bonheur, mariage réussi, enfants sains, grandes satisfactions.

Touchée par des lignes horizontales (mais pas traversée)
Le sujet est envié pour ses qualités, pour son argent ou pour d'autres motifs. Les conspirations autour de lui n'ont aucun succès et il n'est pas touché par ces tentatives.

Si elle naît avec des petits signes (lignes, points, branches, etc.), mais devient ensuite droite et nette jusqu'au mont de Saturne
Au début, difficultés au travail ou dans le mariage qui sont surmontées grâce à des événements heureux.

La Ligne de la Réussite (ou Ligne d'Apollon ou Ligne du Soleil)

Elle naît au bracelet, longue, droite et sans fractures, et se dirige vers le mont d'Apollon où elle s'achève.
Elle indique la réussite, la célébrité, la richesse, surtout pour les artistes.

Profondément marquée
En plus de la richesse, célébrité, honneur et gloire.

Ligne qui se divise en trois branches à son extrémité
Même signification que la précédente.

Elle finit sous le mont d'Apollon en de nombreuses petites lignes
Échecs, pertes d'argent, affaires manquées, trahison des associés, collaborateurs ou concurrents.

Elle naît dans la zone de Mars
La réussite professionnelle (surtout artistique) survient vers 20 ans.

Elle naît au mont de la Lune
Le sujet a du talent. De plus il est favorisé par la protection de personnes influentes qui l'aideront à rejoindre les plus hauts sommets de la gloire.

Elle naît à la ligne de Tête
Le sujet atteint une bonne position vers 30 ans, sans effort.

Elle naît à la ligne de Cœur
Le succès est sûr, mais arrive vers 40 ans ou un peu plus tard.

Elle naît au mont de Mars
La remarquable volonté du sujet se voit récompensée à l'âge mûr.

Traversée par de nombreuses lignes horizontales
Pour obtenir le succès, il faudra vaincre de nombreux obstacles, parfois difficiles à surmonter.

Absence de la ligne de la Réussite
Inutile d'attendre et d'espérer : la réussite ne viendra jamais.

La ligne de la Santé (ou ligne hépatique)

Elle commence à la ligne de Vie et se dirige vers le mont de Mercure, après avoir traversé la ligne de Cœur. Elle devient plus claire à mesure que les années passent.

Très claire
Le sujet est destiné à jouir d'une vie longue et saine.

Elle naît à la ligne de Vie
Le sujet peut être atteint de troubles cardio-vasculaires. Étant donné son peu de résistance physique, il ne peut faire de sport.

Elle naît au mont de la Lune et traverse le mont de Mars, arrivant au mont de Mercure
Caractère exubérant, mais changeant et capricieux. Le succès est dû à la facilité de parole du sujet.

Tortueuse
Irascibilité ; troubles biliaires, caractère nerveux.

Elle naît au mont de la Lune, arrive au mont de Mercure et décrit un demi-cercle
Intérêt marqué pour les sciences occultes.

Elle s'interrompt de temps en temps
Troubles digestifs qui provoquent une certaine irritabilité. Le comportement difficile du sujet, dû à son état de santé, est pénible pour son entourage.

Coupée par des lignes horizontales
Maladies assez graves.

La Ligne de l'Intuition (ou Ligne de Mercure)

Elle naît au mont de la Lune, décrit un arc pour arriver au mont de Mercure. Elle se rapporte aux voyages, au goût pour les sciences occultes, aux pouvoirs de médium. C'est la prérogative de quelques privilégiés.

Droite, bien marquée, sans fractures
Il est clair que le sujet a une grande intuition et des pouvoirs de médium. Il possède une grande sensibilité, il est capable de « sentir » l'accomplissement, triste ou joyeux, d'un événement, même sans s'en rendre compte.

Traversée par de nombreuses lignes horizontales et verticales
Le sujet est destiné à avoir une existence comportant de nombreux voyages, il aura de grandes satisfactions pendant ces voyages et obtiendra ainsi une telle foule de renseignements qu'il éprouvera le besoin d'écrire.

Elle s'interrompt au mont de la Lune par une sorte d'île
Les pouvoirs de médium du sujet sont vraiment remarquables. Tous les médiums ont ce signe.

Voie Lactée (ou Voie Lascive)

Ce n'est pas une ligne à proprement parler, elle se compose d'une série de lignes parallèles au mont de la Lune. Elle indique une remarquable tendance au mysticisme, aux pressentiments, aux pouvoirs de médium.

Droite, bien tracée et verticale
Les pouvoirs occultes sont présents.

Tordue
C'est un signe de dépravation sexuelle.

Les six lignes mineures

Ligne de l'Amour
Elle part de la base du petit doigt, touche la ligne de Cœur et le mont de Mercure pour finir au centre de la paume (il s'agit d'une série de lignes désordonnées).

- Si elle présente un profond sillon : l'union est particulièrement réussie et heureuse.

- Si elle se courbe vers le point interdigital « auriculaire-annulaire » : le mariage est sûr. Si elle se courbe vers le centre de la main : chagrins d'amour.

- Si elle bifurque à son extrémité : union mouvementée.

- Si elle est coupée par une verticale : difficultés et obstacles nombreux.

- Ligne de l'Amour double : trahisons en amour.

- Si elle naît au bord de la main et arrive au mont d'Apollon : union heureuse.

Ligne des enfants
Ce sont des lignes plutôt courtes, marquées verticalement sur le tranchant de la main, près du mont de Mercure, sous le petit doigt.

- Chaque ligne : un enfant (les plus longues, garçons).

- Lignes bien droites : enfants sains.

- Lignes tordues : enfants chétifs.

Ligne des voyages
Une série de petites raies horizontales sur le mont de la Lune.

- Longue et qui arrive au centre de la main :
– si elle est ascendante : voyage positif, d'agrément ;
– si elle est descendante : voyage négatif, sans succès.

Ligne des malheurs (ennuis, contrariétés)
Elle naît au mont de Vénus, traverse la ligne de Vie et finit au milieu de la paume (ou presque).

- Courte : ennui qui pourra être surmonté grâce à la volonté du sujet.

- Si elle coupe la ligne du Destin : il restera des traces dans le caractère et dans la santé.

Ligne des maladies
Une série de lignes qui partent de la ligne de Vie, décrivent un demi-cercle et se terminent un peu avant le centre de la main.

- Courte, nette, sans fractures : maladie courte, à la guérison facile.

- Si elle naît en un point foncé de la ligne de Vie : troubles arthritiques, épuisement nerveux, intolérance à certains aliments et médicaments.

- Si elle dépasse la ligne de Cœur : risques d'accidents, de fractures, de chutes.

Ligne des procès

Croix formée par la ligne des maladies et celle des ennuis.

- Bien claire, sans autres signes que la croix indiquée : procès avec intervention légale ; l'affaire se résout sans mal.

- Si elle part d'une étoile sur le mont de Vénus : litige pour une question d'héritage.

- Si elle se dirige vers la ligne de la Réussite et forme une croix : le jugement est prononcé contre le sujet.

Les anneaux

Ce sont des demi-cercles situés sous les doigts. Ils sont au nombre de cinq, c'est-à-dire : anneau de Vénus, de Jupiter, de Salomon, de Saturne et d'Apollon. Ces signes ne sont pas visibles également dans toutes les mains.

Anneau de Vénus

Il commence entre le petit doigt et l'annulaire et se termine entre le majeur et l'index. C'est un signe de volupté et de goût pour les sciences occultes.

- Entier, dans une main sèche dont les doigts ne sont pas pointus : intérêt très marqué pour les sciences occultes.

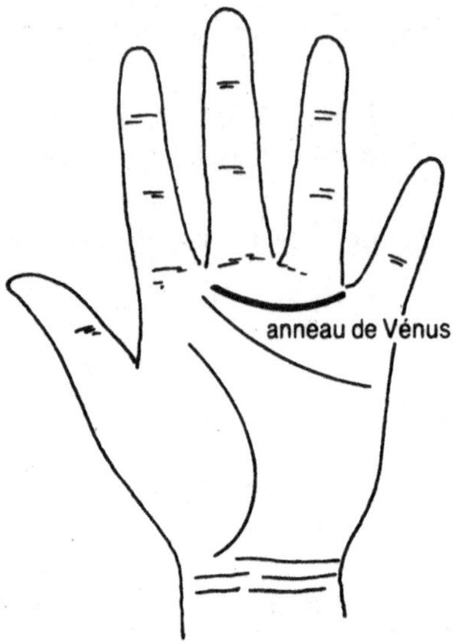

■ Interrompu ou incomplet dans la partie centrale : remarquable activité sexuelle. Si la main est molle, moite, et les doigts très pointus, c'est un signe de dépravation.

■ Une étoile au centre : violence, jalousie exagérée.

Anneau de Jupiter

Il est situé sous le pouce et forme un arc vers le mont de Vénus. Il indique une mort violente par vengeance ou condamnation.

Anneau de Salomon

Il est situé à la base de l'index. Le sujet est équilibré.

Anneau de Saturne

Il se trouve sous le majeur. Le sujet est très attiré par l'étude et la recherche. S'il s'achève en deux lignes ou plus, cela signifie que, dans la vie de l'individu, il y a plusieurs amours.

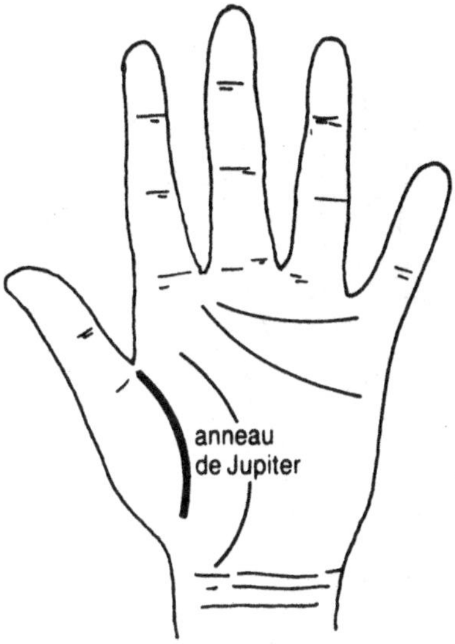

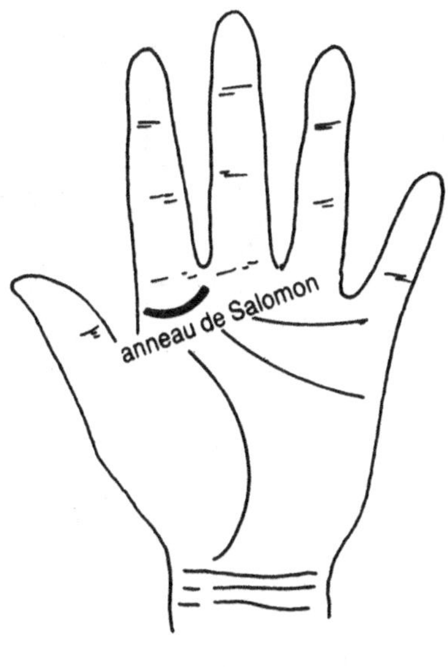

Anneau d'Apollon

L'anneau d'Apollon est situé sous l'annulaire. S'il est net, sans fractures, le sujet est sympathique, pondéré, généreux, pas du tout cancanier. S'il est

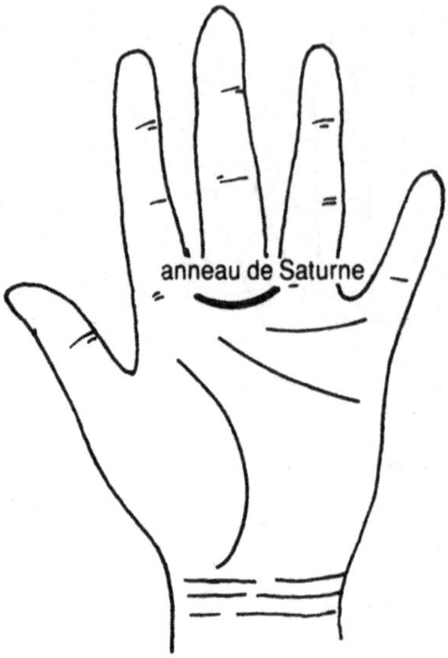

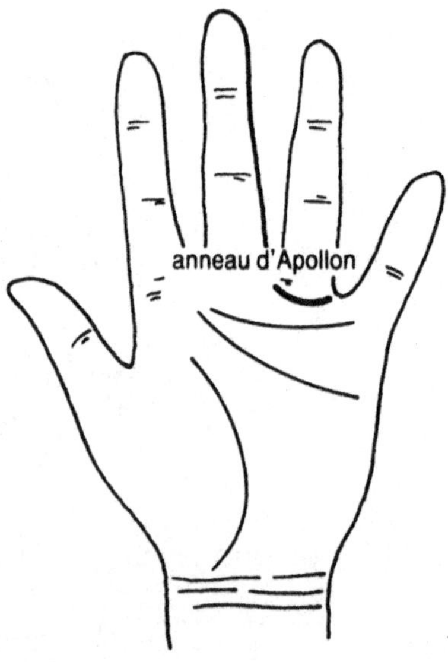

interrompu ou présente des lignes plus ou moins nombreuses vers le haut ou vers le bas, la personne est antipathique, cancanière, arrogante, présomptueuse.

Les signes et les ramifications

Jusqu'à présent nous n'avons détaillé que des monts et des lignes principales pouvant être interprétés par la chiromancie ; mais d'autres signes peuvent modifier les conclusions que l'on peut tirer de cette première étude. Voyons quels sont les plus importants.

L'étoile

Par étoile, l'on entend un signe constitué d'au moins cinq lignes rayonnantes. Ce signe en forme d'étoile est considéré comme l'indice d'un danger difficilement passager ; toutefois, répétons-le, un signe ne donne pas de certitude absolue.

Par exemple, si l'étoile se trouve placée sous le mont de Jupiter (sous la racine de l'index), elle est le signe d'une chance inespérée. Si elle se trouve sur la première phalange (divinité) du médium, c'est un signe de génie. Une étoile placée :

– sur le mont d'Apollon est un indice de richesse mais aussi de mort ; en effet, cette fortune engendrera le malheur ;

– sur le mont de la Lune laisse présager des difficultés provoquées par un excès d'imagination ;

– sur le mont de Mercure est le signe de mésaventures liées à des escroqueries diverses.

Une étoile sous le mont de Vénus ou sur n'importe quelle portion de ce mont annonce des désillusions et des trahisons en amour.

Le carré

Signe du raisonnement analytique pur, le carré est influencé par les caractéristiques du mont où il se trouve :

– placé sur le mont de Vénus, il n'indique pas une prédisposition particulière pour l'amour sensuel, mais un esprit raisonnable qui pèse le pour et le contre avant de se lancer dans une aventure amoureuse ;

– sur le mont de Mercure, il indique des talents particuliers dans le domaine du commerce, de la politique ou de la musique ;

– sur le mont de Jupiter, il atténue un orgueil exagéré et une ambition effrénée ;

– sur le mont de Saturne, il limite les dommages causés par une période de malchance ;
– sur le mont de Mars, il annule le présage d'une mort violente.

Ce carré peut également se trouver sur différentes lignes. S'il est situé par exemple :
– sur la ligne de Saturne (dite aussi ligne de Chance), il annule le présage d'une perte financière ;
– sur la ligne de Tête, il corrige les dommages causés par des calculs erronés ;
– sur la ligne de Vie, il atténue les irrégularités de l'existence ;
– lorsqu'il interrompt la ligne de Cœur, il aide à surmonter les déceptions amoureuses.

Il s'agit en réalité d'un signe bénéfique qui atténue ou annule les effets négatifs des autres signes.

Les triangles

Ce sont, eux aussi, des symboles bénéfiques qui se trouvent en général dans les mains de personnes attirées par les sciences exactes et les études approfondies. Ils doivent cependant être examinés minutieusement en fonction des autres signes présents :
– sur Jupiter, le triangle indique de grandes ambitions, en particulier dans le domaine militaire ;
– sur Saturne, il signale une tendance à la superstition ;
– sur le mont d'Apollon (à la racine de l'annulaire), il signifie amour et succès assurés dans les domaines artistiques ;
– sur le mont de Mercure, il présage d'une réussite dans l'art oratoire.

Cette fois encore des contradictions peuvent exister. Le triangle est un signe positif, pourtant, s'il s'en trouve un sur le mont de Saturne et un second sur la phalange « divine » du médium, on aura une tendance particulière au sens critique exaspéré.
Un triangle situé sur la plaine de Mars ou le mont de Mars signifie victoire et succès en particulier dans le domaine militaire.

Ce signe sur le mont de la Lune est synonyme de sagesse et d'une grande capacité de raisonnement. Si ce signe se trouve sur le mont de Vénus, l'individu concerné ne perdra jamais la tête par amour et son esprit logique dominera toujours ses passions, il saura se dominer et dominer la personne amoureuse de lui.

Les croix

Elles sont considérées comme des symboles négatifs, pourtant, comme l'étoile et la croix, elles sont un indice de chance, en particulier pour les unions conjugales, si elles se trouvent sur le mont de Jupiter.
Une croix dans l'espace entre les lignes de Cœur et de Tête dénote une tendance à la superstition et au mysticisme.
Une croix sur le mont de Saturne signifie que les personnes porteuses de ce signe auront tendance à fuir la critique et à se résigner facilement.
Ce signe sur le mont du Soleil (Apollon), présage de peu de succès dans le domaine artistique et dans les activités financières.
Une croix sur la plaine de Mars dénote une grande capacité de raisonnement et un grand sérieux.
Si la croix se trouve sur le mont de la Lune, elle indique une passion malheureuse ; toutefois, Jupiter peut briser cette influence négative si une croix ou une étoile se trouve sur son mont.
Si les croix sont nettes, bien dessinées et présentent des bras d'une longueur égale, elles auront plutôt une influence positive sur le mont où elles sont situées.
Si elles sont mal dessinées et peu visibles, elles indiquent une propension aux pratiques religieuses liées à un excès de crédulité et de superstition. Les personnes présentant dans les deux mains une croix située sur le mont de Vénus seront particulièrement attirées par les plaisirs sensuels et érotiques. Les croix sur le mont du Soleil (Apollon) indiquent une recherche effrénée de la gloire et de la richesse.

Les points

Les points sont le plus souvent interprétés comme des signes négatifs : blessures, maladies guérissables.
Ils sont presque toujours situés sur les lignes principales de la main :

– sur la ligne de Vie, ils signifient une maladie à l'âge correspondant ;
– sur la ligne hépatique, ils laissent présager que la personne aura des maladies au foie ou à l'intestin ;
– sur la ligne de Cœur, ils dénotent plutôt une tendance aux nombreuses aventures amoureuses.

Les lignes en forme de branches et de taches

Ces « branches » dont les ramifications se dirigent soit vers le sud soit vers le nord se trouvent presque toujours au début ou à la fin des lignes principales. Lorsqu'elles se dirigent vers le nord, elles portent chance comme toutes les lignes de la main allant dans cette direction.
Lorsqu'elles vont vers le sud, elles sont plutôt défavorables. Si elles se dirigent vers le mont de Mercure, on aura de la chance dans le commerce et l'art oratoire, si elles se dirigent vers le mont de Jupiter, les ambitions seront satisfaites et les succès certains.

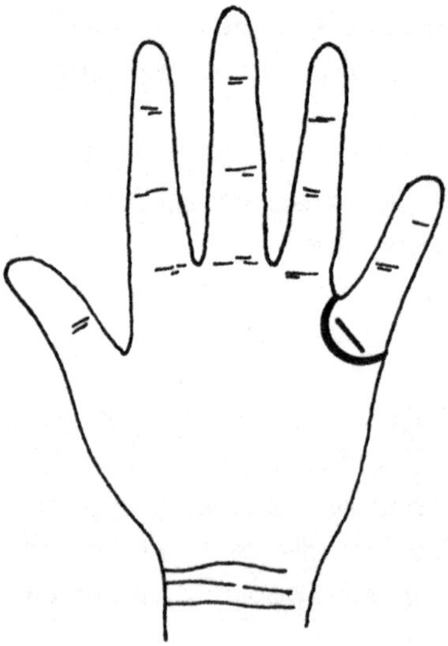

Mont de Mercure avec une seule ligne (signe de chance)

Les chaînes

Les lignes principales ne sont pas toujours tracées nettement et souvent s'y superposent de petites lignes qui forment avec elles des sortes de chaînettes.

Ce sont des indices de problèmes, obstacles et difficultés. Un ensemble de petites lignes donne l'image d'une grande force qui se disperse et donc s'affaiblit, influençant ainsi les caractéristiques du signe.
Si elles apparaissent sur le mont de la Lune, par exemple, elles constituent un obstacle à l'expression de la fantaisie du sujet, elles représentent une tendance à l'insomnie et au somnambulisme.
Examinons maintenant le mont de Mercure. S'il n'y apparaît qu'une seule petite ligne, cela signifie intelligence et perspicacité, et la chance sera généreuse avec l'individu concerné ; de nombreuses petites lignes marquent une tendance à avoir des ennuis sérieux avec la justice.

Les bracelets du poignet

La ligne qui se trouve à la jointure du poignet et dessine une sorte de bracelet est un signe de bonheur, de vie paisible, de bonne santé, à condi-

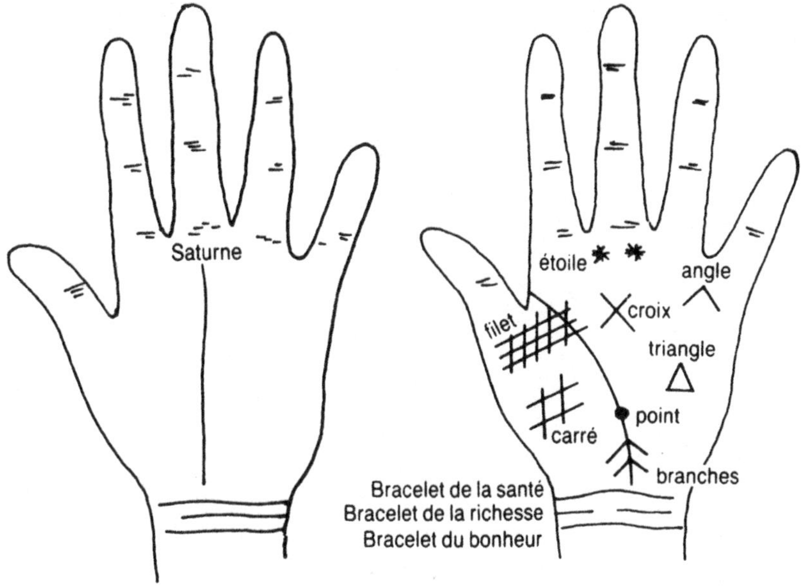

tion qu'elle soit bien dessinée et continue. Cette ligne est souvent accompagnée d'une seconde et parfois d'une troisième ; dans ce cas, c'est sûrement un signe de chance.

Le second cercle, s'il est bien dessiné, profond et ininterrompu, représente la richesse.
Le troisième cercle qui, comme nous l'avons déjà précisé, n'est pas toujours présent représente le bonheur.
Si ces bracelets sont constitués de sorte de chaînettes, cela signifie que pour bénéficier de ces influences positives, il sera nécessaire de se donner beaucoup de mal.
Contrairement à la règle générale, une croix, si elle est située sur l'une de ces lignes du poignet, n'est pas un signe négatif. Une croix au centre de la ligne de richesse est un signe de chance et de richesse. Si, partant du poignet, une ligne remonte vers le mont de Saturne, c'est un signe de chance dans tous les domaines : richesse, succès, réputation.
Les ramifications sur le bracelet de la santé formant une croix sont, elles aussi, signe de chance.

Table des matières

Achevé d'imprimer par SEPEC Numérique en novembre 2022
Dépôt légal : juillet 2017 - Numéro d'impression : N19804220958
N° d'éditeur : 302017-24

PEFC 10-31-3532